PERFECTION
퍼 펙 션

Be Perfect
by Andrew Murray

퍼펙션 PERFECTION

초판 발행 2022년 8월 5일
초판 3쇄 2024년 11월 5일

지은이 앤드류 머레이
옮긴이 박혜리

발행인 박혜리
발행처 하나님의 사람들
등록 2020년 3월 3일(제409-2020-000015호)
주소 인천광역시 서구 매밭로 130(22870)
전화 070-7785-7425 | 팩스 0504-088-7425

홈페이지 www.mogpublisher.com
이메일 info@mogpublisher.com

값은 뒤표지에 있습니다.
ISBN 979-11-91542-19-6

Copyright © 2022, 하나님의 사람들

본 저작물의 모든 내용, 이미지, 디자인, 편집 형태에 대한 저작권은 출판사에 있습니다.

저자가 원저작물에서 제임스왕역 성경(KJV)을 사용했기에 해당 성경의 한글 판본으로 한글킹제임스 성경을 인용했습니다. 출판사는 저자의 의도를 충실히 반영하기 위해 원저작물에서 인용한 것과 같은 한글판 성경을 인용하나, 이는 출판사의 입장을 대변하지 않으며 인용한 판본과 출판사는 관련이 없습니다.

from first born to eternity

PERFECTION
퍼 펙 션

by Andrew Murray

차례

들어가면서

온전한 마음이 온전한 사람을 만든다

내 앞에서 행하라, 그리고 너는 완전하라

주 너의 하나님 앞에 온전하라

내가 주 앞에서 온전한 마음으로 행하고

오 주여, 온전한 마음을 주소서

하나님은 온전한 자에게 힘을 주신다

주는 온전한 자에게 그의 온전함을 보이신다

온전한 마음은 온전한 길에 이른다

아버지와 같이 온전하라

선생님과 같이 온전하라

온전한 자는 그리스도를 따르기 위해 가진 전부를 판다

온전한 사람은 영적인 사람이다

완전한 거룩

너희가 온전하기를 기도하니, 온전하라

온전하지 않다, 아직은 온전하지 않다

온전하지만, 아직 온전해지지 못했다
　　그리스도 안에서 온전하라
　　　　하나님의 모든 뜻 안에서 온전하라
　　　　　고난을 통해 온전해진 그리스도
　　　　　온전을 향해 나아가자
　　　　　　율법으로는 온전해질 수 없다
　　　　　　　그리스도는 우리를 온전하게 하신다
　　　　　　　　하나님은 당신을 모든 선한 일에 온전하게 하신다
　　　　　　　온전한 인내가 온전한 사람을 만든다
　　　　　　온전한 사람의 특징 : 온전한 혀
　　　　　　하나님이 당신을 온전하게 하시리니
　　　　　　온전한 사랑 : 그리스도의 말씀을 지킨다
　　　　　온전한 사랑 : 형제 사랑
　　　　온전한 사랑 : 하나님이 우리 안에 거하신다
　　　온전한 사랑 : 그분과 같이 우리도
온전한 사랑 : 두려움을 쫓아낸다

Intro

만약, 독자 여러분이 온전론 theory of Perfection 에 관한 상세한 설명이나 주장을 기대하고 이 책을 읽는다면 이내 실망하게 될 겁니다. 저는 그런 이론을 위해 이 책을 저술하지 않았습니다. 제 바람은 독자 여러분이 하나님의 말씀을 통해 "온전, 완전"을 다룬 구절에 주목하고 각각의 구절에 담긴 그 단어의 의미를 발견하는 겁니다. 성경 말씀이 온전히 역사하도록 순종하고 기도할 때야 비로소 진리의 다양한 면들을 조화롭게 하나로 합하여 올바른 방향으로 갈 수 있습니다.

특별히 제가 묵상할 때 도움이 되었던 개념 중에서 여러분이 동의하리라는 전제하에 몇 가지 소개해 드리겠습니다. 다음은 매우 중요한 개념입니다.

1

성경에서 가능성을 두고 달성할 수 있다고 말하는 "온전"이 있습니다. 이 용어를 어떻게 정의할 것인지에 관한 견해는 다양할 수 있습니다. 그러나 하나님과 성경이 말하는 온전함, 곧 자녀들이 그분과 더불어 온전하기를 바라고 이를 명령할 때, 그분의 사역이 완전할 거라고 약속할 때 또 그분 앞에 온전하고 온전한 마음으로 그분을 섬기라고 말할 때는 단 하나의 결론만이 도출될 수 있습니다. 성경에서 말하는 온전은 우리의 의무이면서 동시에 소망입니다.

2

이 온전이 무엇인지 알려면 온 마음을 다해 명령을 받아들이고 순종해야 합니다. 결국, 우리의 본성과는 반대로 행해야 합니다. 우리는 성경의 명령을 인간의 강한 신념, 곧 '완벽한 인간은 없다'는 생각과 일치시킬 뿐만 아니라 온전한 길에서 발견할 수 있는 모든 위험에 대비하기 위해 온전이 무엇인지 토의하고 이를 정의 내리려 합니다.

이는 하나님의 방법이 아닙니다. 예수님은 만일 누구든지 **하려고 한다면, 알게 되리라**고 말씀하셨습니다. 이 원칙은 인간의 모든 성취에 동일하게 적용됩니다. **완전하라, 온전하라**는 명령을 열렬한 복종과 순종으로 받아들이는 사람만이 하나님께서 바라고 주시는 온전이 무엇인지 알 수 있고 또 바랄 수 있습니다. 교회가 이 축복을 최상의 선으로 구하면서 하나님 앞에 부복하기 전까지는 "온전"이라는 단어가 마음을 끌고 기쁨을 주기보다 오히려 불안, 걱정, 분열, 불쾌함만을 유발할 겁니다. 부디 하나님께서 아이같이 겸손하게 그분의 입술에서 나온 말씀을 살아있는 씨앗으로 받아들이고 많은 열매를 낼 거라는 확신을 갖는 사람들의 숫자를 늘려 주시기를 바랍니다.

3

온전하라는 명령은 독단적인 요구가 아닙니다. 그야말로 하나님만이 요구하실 수 있는 본질입니다. 그리고 이는 하나님에 관해 생각해보든, 우리 자신에 관해 생각해보든 참입니다.

자신과 자신의 영광을 위해 우주를 창조했고 홀로 그 우주를 자신의 사랑과 행복으로 채울 수 있는 하나님에 관해 생각해보면 그분이 인간과 마음을 나누신다는 것이 얼마나 불가해한 일인지 숙고하게 됩니다. 하나님은 전부가 되셔야 하며 또 전부를 소유하셔야 합니다. 그분은 입법자이자 재판관으로서 법적인 완전무결을 충족하지 못하면 만족하지 않으십니다. 또한, 구세주와 아버지로서 어린아이 같은 온전을 바라십니다. 하나님은 전부를 가지셔야만 합니다.

자, 이제 우리에 관해 생각해봅시다. 온전을 향한 부르심은 말 그대로 반드시 따라야 할 명령입니다. 하나님은 영원하고 거룩한 선입니다. 그리고 혼은 스스로를 온전히 그분께 내어드리지 않는 한 그분을 알 수도, 즐거워할 수도, 얻을 수도 없습니다. 우리를 위한 하나님의 사랑은 온전한 마음을 요구합니다.

4

온전은 하나님의 위대한 능력 안에서 그분이 우리를 위해 세운 최상의 목표이자 하늘에 속한 거룩하고 영적인 것입니다. 고로, 성령의 인도에 자신을 온전히 맡기는 혼만이 이 축복을 알 수 있습니다.

하나님께서는 모든 사람의 마음에 온전을 향한 깊은 소망을 두셨습니다. 그리고 그 소망은 모든 사람이 각자 가치를 둔 다양한 대상을 추구할 뿐만 아니라 각자 뛰어난 영역이 있다는 것에 대한 경이, 그 놀라움을 통해 분명히 나타납니다. 자신을 완전히 하나님께 맡긴 그리스도인의 경우에는 이 소망이 하나님의 놀라운 약속과 얽혀 맥체인 Robert Murray M'Chyne 처럼 기도에 영감을 받습니다. 주여, 주로부터 용서받은 죄인과 같이 나를 거룩하게 하소서.

여러분도 하나님의 뜻과 완전히 일치하려는 소망을 알면 알수록 항상 그분을 기쁘시게 하려는 생각으로 가득 차게 되고 이 모든 소망이 위로부터 온 선물이라는 사실을 알게 될 겁니다. 이 선물은 성령의 내주와 그 법에 완전히 순종한 사람들 안에서 실현되는 하나님의 생명의 발현이자 성령의 숨결입니다. 사람의 사상이나 교리를 따르지 않으면 하나님의 존재, 그 신비에 거하게 됩니다. 그리고 그에 따른 확실한 보증이 있지요. **온전하라**고 말씀하시는 그분의 은밀한 음성을 듣고 얼굴을 뵐수록 우리 안에 내주하는 성령이 하늘의 충만함과 말씀의 능력을 밝히고 하나님의 말씀으로 입증하여 말씀하신 바를 이 땅으로 끌고 와 이루어 주실 겁니다.

이 책과 제 자신을 복된 아버지의 가르침과 손길에 맡깁니다. 부디 제 부족한 묵상들이 하나님의 자녀들이 완전에 이르는 데 조금이나마 도움이 되기를 바랍니다.

앤드류 머레이

* * *

영원한 축복의 아버지!
아버지께서는 당신의 사랑하는 아들, 예수를 통해
제가 주님과 같이 완전해질 거라는 진리를 알려주셨습니다.

눈부시게 영광스러우며 불가해한 하나님,
인간의 머리로는 이 진리를 온전히 깨우칠 수 없습니다.
지금 아버지 앞으로 나가 구하오니
이 진리에 담긴 뜻을 가르쳐주시고
제 안에서 주장하여 주시며 약속한 바를 이뤄주세요.

아버지!
믿음의 순종으로 아버지의 말씀을 받아들입니다.
말씀의 법에 제 삶을 모두 바치고
말씀을 살아있는 씨앗으로 마음에 품겠습니다.
성령께서 그 씨앗에 싹을 틔워
뿌리를 내리고 자라게 하실 수 있도록
생각이나 감정이 아닌 마음으로 믿겠습니다.

오 아버지,

완전에 이르는 길에 관해 묵상하려고

말씀을 읽을 때 가르쳐주세요.

제 모든 생각이 그리스도께 복종하게 해주세요.

성령의 가르침이 마음에 바로 서게 해주세요.

성령을 통해 뜻을 알려 주시고 이 기도에도 응답해주세요.

아멘.

01

온전한 마음이
온전한 사람을 만든다

,

노아는 의인이요,
그 당대에 완전한 사람이었으며
하나님과 동행하였더라.
(창 6:9)

주께서 사탄에게 말씀하시기를
"너는 내 종 욥을 보았느냐?
세상에 그와 같은 사람은 아무도 없나니
그는 온전하고 정직한 사람으로
하나님을 두려워하고
악을 피하는 자니라." 하시니라.
(욥 1:8)

다윗의 마음이
주 그의 하나님과 더불어 온전하였더라.
(왕상 11:4, 15:3)

아사의 마음이
그의 평생 동안
주와 더불어 온전하였더라.
(왕상 15:14)

Day 1

네 사람을 함께 묶어 살펴봅시다. 성경은 위 네 사람이 온전한 사람이라고 언급하거나 그들의 마음이 하나님과 더불어 온전했다고 말합니다. 그렇다고 해서 이들이 죄 없는 순결한 사람이라고 증거하지는 않습니다. 독자 여러분도 이미 알다시피 노아는 죄를 지었습니다. 욥도 하나님 앞에 겸손하지 못했습니다. 애석하게도 다윗 역시 죄를 지었습니다. 아사는 주, 그의 하나님이 아닌 시리아인을 의지했을 뿐만 아니라 병에 걸렸을 때 주를 찾지 않고 의사를 찾아가는 우를 범했습니다. 그럼에도 이들의 마음은 주 그의 하나님과 더불어 온전했습니다.

이 말씀을 이해하기 위해서는 한 가지 중요한 점을 명심해야 합니다. 즉, 여러 상황 속에서 "온전하다"라는 단어를 쓸 때 그 의미는 자녀들에 대한 하나님의 양육 단계에 따라 결정된다는 거지요. 아버지나 선생님이 10살 아이와 20살 청년에게 완벽하다고 할 때는 분명 그 기준이 다릅니다. 마찬가지로 속에 담긴 기질이나 성품에 관해 온전을 논할 때도 판단의 근간에 따라 큰 차이가 존재합니다. 그렇기 때문에 다음번에는 구약에 진정 온전한 것이 전혀 없는 이유와 어떻게 그리스도가 진정한 온전을 나타내 보이고 해결하고 또 전달해주셨는지, 왜 신약에 나타난 온전이 구약의 경륜 때보다 더 수준이 높고 영적이며 효과적인지 살펴볼 겁니다. 그러나 명심하세요. 구약이든, 신약이든 기초는 동일합니다. 하나님은 마음을 보십니다. 하나님과 더불어 온전한 마음은 만족할 줄 알며 칭찬을 받습니다. 그분의 뜻에 대한 완전한 헌신, 교제, '하나님께 온전히'를 인생의 좌우명으로 삼는 삶은 예나 지금이나, 심지어 성령이 내주하기 전 세대에서도 온전한 사람의 증표로 받아들여졌습니다.

이 성경 말씀이 우리에게 제시하는 교훈은 매우 단순하면서도 한편으로는 매우 엄중합니다. 하나님의 기록을 살펴보면 그분의 **종들 중 그의 마음이 주 그의 하나님과 더불어 온전했다**라는 평가를 받은 사람들이 있습니다. 독자 여러분, 각자 자기 자신에게 질문해보세요. 과연 하나님은 여러분 각자에 관해 무어라고 말씀하실까요? 제 삶을 어떻게 바라보고 계실까요? 우리의 삶이 강렬한 인상을 남기긴 했을까요? 우리는 과연 그분의 뜻에 온전히 신뢰하는 삶을 살았을까요? 온전한 사람이 되려고 열정을 불태웠

을까요? 면밀히 탐구하여 이 의문에 대한 답을 찾으세요. "온전하다"라는 단어 자체, 하나님이 이 단어에 부여하시는 의미와 진정성을 믿으세요. 우리가 잘 알지도 못하는 헛된 속임수 때문에 온전의 능력을 회피하거나 그 단어에 담긴 힘, 단죄하는 힘을 외면하지 마세요. 온전이라는 단어를 이해하기 전에 우선 온전을 받아들이고 온전한 삶을 사세요. 교회의 크기나 가르치는 방식 혹은 성도 각 개인의 삶에 너무 집착하지 마세요. 온전을 알고 받아들이고 소유하여 온전한 삶을 살기 위해서는 모든 것을 손실로 여겨야 합니다. 그렇지 않고서는 온전의 참 의미를 결코 이해할 수 없습니다.

우리가 온전에 관해 알아야 할 것들이 참으로 많습니다. 온전한 마음으로 하는 일은 사랑과 기쁨, 자원하는 마음과 온 힘을 다해서 하는 일이기도 합니다. 이러한 자세는 변하지 않는 목적과 응집되고 단결된 노력을 뜻할 뿐만 아니라 모든 것을 본인이 한 선택의 대상 아래 둡니다. 이것이 바로 하나님이 요구하시는 것이며 그분의 종들이 기꺼이 바친 것이고 우리가 해야 할 일입니다.

다시 한번 더 말하겠습니다. 하나님의 말씀을 통해 온전에 관한 그분의 뜻을 계시받고 따르기를 원하시는 분들은 이 질문을 깊이 숙고해보세요. 하나님이 노아와 욥, 다윗과 아사에게 그랬던 것처럼 나에 관해서도 그분과 더불어 마음이 온전하다고 말씀하실 수 있나요? 하나님과 그분의 뜻에 마음을 나누려고 자신을 완전히 드렸나요? 주 나의 하나님과 더불어 온전한 마음이 내 열망, 기도, 믿음, 소망의 대상인가요? 과거는 지나갔습니다. 지나간 일은 잊고 오늘부터 그렇게 사세요. 하나님의 말씀에 담긴 약속을 여러분의 것으로 삼으세요. 그러면 **화평의 하나님이 우리를 온전하게 하고 우리의 모든 바람과 생각을 초월하는 능력의 하나님이 그의 마음이 주 그의 하나님과 더불어 온전하였다라는 평가를 받는 복된 삶을 열어 주실 겁니다.**

02

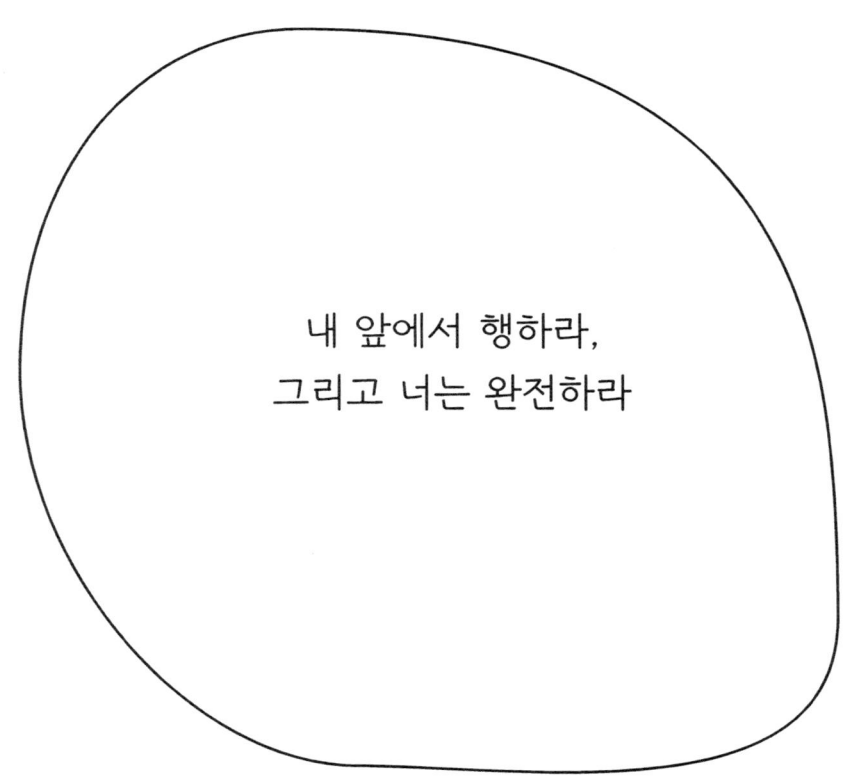

내 앞에서 행하라,
그리고 너는 완전하라

,

아브람이 구십구 세였을 때,
주께서 아브람에게 나타나셔서 그에게 말씀하시기를
"나는 전능한 하나님이라. 내 앞에서 행하라. 그리고 너는 완전하라.
내가 나와 너 사이에 언약을 세우며, 너를 심히 번성케 하라라." 하시니,
아브람이 주의 면전에 엎드리더라.
하나님께서 그와 더불어 이야기하셨으니
(창 17:1~3)

너는 주 너의 하나님 앞에 온전하라.
(신 18:13)

너희 마음을
주 우리 하나님과 더불어 온전하게 하여
주의 규례 안에서 행하라.
(왕상 8:61)

Day 2

　본문은 하나님이 아브람을 불러 그의 아버지의 집에서 떠나라고 명령하신 지 24년이 흐른 시점입니다. 물론, 아브람은 하나님의 명령에 순종했습니다. 그리고 그 긴 시간 동안 믿음의 학교에서 훈련도 받았습니다. 이제, 약속을 상속받을 날이, 그분의 언약이 세워질 때가 가까워 오고 있었습니다. 이런 시점에서 하나님은 아브람과 만나 이렇게 말씀하십니다.

1) 나는 전능한 하나님이라.
2) 내 앞에서 행하라.
3) 너는 완전하라.

　완전하라. 독자 여러분, 본문의 맥락이 단어의 의미를 이해하는 데 도움을 줄 겁니다. 본문을 살펴보면, 하나님은 자신을 전능한 하나님으로 드러내 보이십니다. 아브람의 믿음은 오랜 시간 연단 받아왔습니다. 이제 그의 믿음은 가장 위대한 승리를 쟁취할 준비가 되었고 이삭의 탄생을 계시하는 환상을 믿었습니다. 그러자 하나님은 아브람을 불러 자신의 전능함을 상기시키고 신뢰하게 하셨습니다. 그분은 전능한 하나님입니다. 그분께는 불가능이 없고 만물이 그분의 통치 아래 있습니다. 그분의 모든 힘은 그분을 신뢰하는 사람을 위해 역사합니다. 또한, 그분은 종들이 그분 앞에 완전하기를 바라십니다. 바라시는 것은 그뿐입니다. 여러분의 온 마음을, 완전한 확신을 그분께 드리세요. 전능한 하나님이 온 힘을 다해 여러분을 완전하게 하실 겁니다. 하나님께 완전히 드리세요. 하나님에 관한 지식과 믿음은 우리가 어떻게 될 것인지, 그 본질에 달려 있습니다. **나는 전능한 하나님이라. 완전하라.** 하늘과 땅을 채운 능력의 하나님을 알아 갈 때 필요한 건 이 한가지 뿐입니다. 그분 앞에 완전하기 위해서는 그분께 완전히 내어 드려야 한다는 거지요. 그분께 완전히 드리는 것이 온전의 기조입니다.

내 앞에서 행하라. 그리고 너는 완전하라. 하나님과의 영원한 교제, 실체화된 그분의 존재와 은혜를 통해 그분 앞에 완전해질 수 있습니다. 아브라함은 하나님 앞에서 행해 왔습니다. 그는 하나님의 말씀을 통해 그의 부르심을 더욱 분명하고 명확하게 인식했습니다. 우리도 마찬가지입니다. 성경이 말하는 완전에 관해 공부하고 견해들을 정리하고 토론하는 게 어려운 일은 아니니까요. 그러나 명심해야 할 것은 우리가 하나님과 친밀히 동행하고 구하고 얻고 끊임없이 교제할 때야 비로소 거룩한 명령이 거룩한 능력으로 우리에게 이를 뿐만 아니라 그 거룩한 뜻을 우리에게 펼쳐 보일 거라는 점입니다. **내 앞에서 행하라. 그리고 너는 완전하라.** 실체화된 하나님의 존재는 온전에 이르는 문이자 비결입니다. 하나님의 존재가 비추는 충만한 빛으로 완전, 온전이 무엇인지 배운 사람만이 완전에 숨겨진 영광을 발견할 수 있습니다.

이 실체화된 존재는 예수 그리스도를 통한 위대한 구속의 축복입니다. 휘장은 찢어졌습니다. 진정한 피난처, 하나님의 임재로 들어가는 길이 열렸습니다. 이제 우리는 담대히 지성소로 들어갈 수 있습니다. 예수님을 사망에서 일으켜 그의 오른편에 앉히고 그의 안에 우리를 두심으로써 자신의 전능함을 입증해 보이신 하나님이 오늘 우리에게 말씀하십니다. **나는 전능한 하나님이라. 내 앞에서 행하라. 그리고 너는 완전하라.**

비단 아브라함에게만 주어진 명령이 아닙니다. 모세 역시 이스라엘의 온 백성에게 이런 명령을 내렸습니다. **너는 주 너의 하나님 앞에 온전하라.** 이는 아브라함의 모든 자녀, 하나님의 온 이스라엘, 모든 성도를 위한 명령입니다. 여러분! 완벽이 의미하는 바를 정의하고 이해해야만 순종할 수 있다고 생각하지 마세요. 하나님의 방식은 정반대입니다. 아브라함은 어디로 가야 할지 알지 못한 채로 떠났습니다. 여러분은 완전에 이르도록 부름을 받았습니다. 어디로 가야 할지 모르겠더라도 일단 떠나보세요. 그러면 하나님이 여러분에게 한 땅을 보여주실 겁니다. **나는 전능한 하나님이라**. 그분의 영광으로 여러분의 마음을 가득 채우세요. **내 앞에서 행하라**. 그분의 임재 가운데 삶을 사세요. **완전하라**. 그분의 능력과 존재로 충만히 채워질 뿐만 아니라 그 안에 늘 머무를 때야 비로소 여러분의 마음이 강건히 바로 서서 그분의 명령을 즐거워하고, 받아들이고, 이행할 수 있게 될 겁니다. 햇빛을 받아야 꽃봉오리가 완전해지듯 혼도 하나님의 빛 안에서 행해야 완전해질 수 있습니다. 전부이신 하나님이 혼을 비추실 때 혼은 기쁨으로 그분께 전부를 드릴 수밖에 없습니다.

03

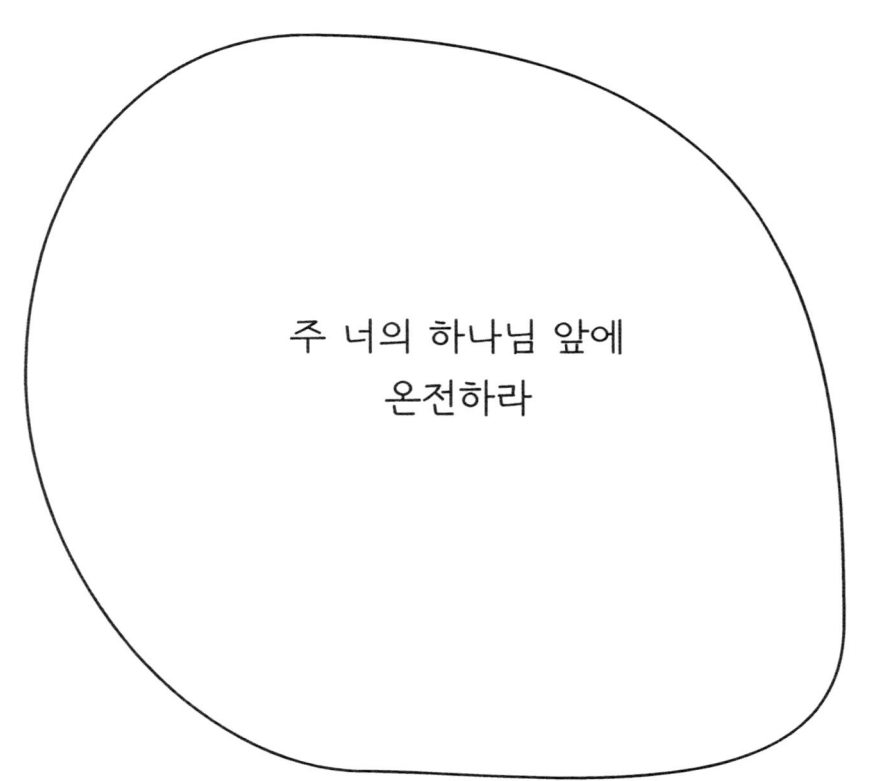

주 너의 하나님 앞에
온전하라

,

너는 주 너의 하나님 앞에 온전하라.
(신 18:13)

Day 3

　하나님 앞에 온전하라는 말은 아브라함과 같은 사람이 받은 특권이나 부르심에서 그치는 것이 아니라 그의 모든 자녀에게 똑같이 주어진 의무입니다. 모든 이스라엘과 하나님의 사람들 각자가 순종해야 하는 명령이지요. **너는 주 너의 하나님 앞에 온전하라**. 하나님의 자녀들 역시 마찬가지입니다. 자신이 그리스도인이라고 고백하는 사람이라면 이 명령에서 벗어날 수도 없을뿐더러 구원을 저버리지 않고는 이 명령을 거부할 수도 없습니다. 살인하지 말라 혹은 도둑질하지 말라와 같이 인생에서 어떤 한정된 부분을 언급하는 명령이 아니라 참된 신앙의 기초를 놓는 주제 초 ㅊ 입니다. 우리의 섬김이 하나님께 받아들여지기 위해서는 조각난 마음이 아니라 온전한 마음을 보여야 합니다.

　주로 신앙에 관한 우리의 오해가 이 명령을 따르는 데 큰 걸림

돌이 됩니다. 인간은 하나님을 위해 살고 또 그분의 영광, 즉 인간이 얼마나 그분을 닮았고 얼마나 큰 축복을 받았는지를 드러내 보이기 위해 창조되었습니다. 그리고 하나님은 인간을 위해 사십니다. 위대한 사랑 안에서 그분의 선과 사랑을 나누기를 간절히 바라시지요. 그리스도는 죄로 인해 잃어버린 이 삶을 우리에게 다시 돌려주고 우리를 구원하려고 오셨습니다. 행복을 지키기 위해서는 완전한 거룩이 성립되어야 하는데도 불구하고 인간의 이기적인 마음은 구원을 그저 지옥으로부터의 탈출구로만 생각합니다. 그리스도는 인간의 타락한 현 상태에서 온전한 마음, 온전한 의지, 온전한 삶으로 회복하고 또 그 온전을 기반으로 하나님께 영광을 돌리며 그분을 섬기게 하려고 우리를 구원하셨습니다. 하나님께 완전히 내어 드리는 것, 주 우리 하나님 앞에 온전해지는 것이 바로 참된 신앙의 핵심이자 근간입니다. 온전한 마음으로 하나님께 열렬히 헌신하는 것, 그것이 바로 우리가 해야 할 일입니다.

자, 이제 앞선 오해가 풀리고 혼이 진리를 알기 시작하면 두 번째 장애물, 불신의 의문을 맞닥뜨리게 됩니다. "어떻게 이런 일이 가능하지?" 우선 하나님의 명령을 받아들이고 순종하며 성령의 지도를 기다리는 것이 순서이지만, 사람들은 곧바로 자기만의 해석을 내놓고 그대로 단정 지어 버립니다. "불가능해." 결국, 인간의 생각이나 능력을 뛰어넘는 복음의 완전한 목적, 그리스도의 구속의 영광을 까맣게 잊어버리고 맙니다. 복음과 그리스도의 구속은 하나님을 마지막 한 푼까지 받아내는 입법자나 판사가 아니라 능력에 따라 은혜로 자녀를 대하고 또 마음의 의도와 헌신을 기쁘게 받아주는 아버지로 나타내 보이십니다.

우리는 이 진리를 인간 아버지를 통해 이해할 수 있습니다. 10살짜리 아이가 아버지를 위해 약간의 봉사를 한다거나 옆에서 아버지의 일을 돕는다고 해봅시다. 아이의 손길은 미숙할 테지만 아버지는 오히려 행복을 느끼며 성장할 아이의 미래를 꿈꿀 겁니다. 그 작은 몸짓에는 아버지를 향한 아이의 애정과 순종이 담겨 있을 뿐만 아니라 아이가 후에 성장해서 지혜롭고 강한 어른이 될 거라는 증표 역시 녹아 있기 때문이지요. 완벽한 능력을 발휘하지 못했더라도 아이는 온전한 마음으로 아버지를 도왔습니다. 온전한 마음이 즉시 완벽한 능력으로 나타나는 건 아닙니다. 그렇기 때문에 하늘에 계신 아버지는 그분을 향한 경외와 섬김이 담긴 의도, 그 어린아이같이 순수한 의도를 온전한 마음으로 받으십니다. 그리스도인이라 해도 본의 아니게 치밀어 오르는 악한 본성에 꺾일 수 있습니다. 그러나 하나님의 영은 **그것을 행하는 것은 더 이상 내가 아니요, 내 속에 거하는 죄**라고 고백하도록 가르치십니다. 그리스도인이라 해도 결점과 결핍 때문에 비통할 수 있습니다. 그러나 예수님은 그의 귓가에 **참으로 영은 원하지만 육신이 연약하도다**라고 속삭이십니다. 그리스도는 믿음 없는 제자들의 순종과 사랑을, 성령을 약속하는 조건으로 여기고 받아

주셨습니다. 마찬가지로 그리스도인도 아직 완벽한 능력이 발현되지 않았어도 온전한 마음으로 인해 성령의 증거를 받을 수 있습니다. 아버지는 온전한 마음을 보고 받아주시는 분이시니까요.

너는 주 너의 하나님 앞에 온전하라. 하나님의 말씀이 우리의 습관 때문에 효과적으로 역사하지 못하는 일이 없도록 주의합시다. 너는 율법 아래 있지 아니하고 은혜 아래 있노라는 말씀을 믿으세요. 아버지가 자기 자녀를 불쌍히 여기듯 주께서도 자기를 두려워하는 자들을 불쌍히 여기시느니라. 동정하는 애정에 어떤 은혜가 담겨 있는지 인지하세요. 그리고 얼마나 위대한 능력이 우리 의지와 행동에 역사하고 있는지 자각하세요. **모든 은혜의 하나님께서 너희를 온전케 하시리라.** 우리가 우리의 온전, 확신, 끝까지 변치 않는 소망을 꽉 붙들면 온전한 마음이 우리를 완전한 길로 이끌 겁니다. 그러면 후에 우리는 그리스도가 이룬 온전이 무엇인지 알게 될 겁니다. **너는 주 너의 하나님 앞에 온전하라.**

04

내가 주 앞에서
온전한 마음으로 행하고

,

히스키야가 주께 기도하여 말하기를
"오 주여, 내가 간구하오니
내가 주 앞에서 진실과 온전한 마음으로 행하고
주의 목전에 선하게 행했다는 사실을
이제 기억하소서."라고 하더라.

주의 말씀이 이사야에게 임하여 말씀하시기를
"히스키야에게 말하라. 주가 이같이 말하노라.
내가 네 기도를 들었고 네 눈물을 보았도다.
내가 너를 치유하리라."하시더라.
(왕하 20:2~5)

Day 4

하나님과의 교제가 참으로 단순하지 않나요? 진정 어린아이 같이 꾸밈이 없습니다. 하나님의 아들, 예수님은 숨을 거두기 직전에 이렇게 말씀하셨습니다. 내가 땅에서 아버지를 영화롭게 하였으며 아버지께서 내게 하라고 주신 그 일을 완성하였나이다. 오 아버지시여, 이제 나를 영화롭게 하여 주옵소서. 그분은 자신의 생명과 행위를 기도의 초석으로 두고 간청했습니다. 하나님의 종, 히스키야 히스기야 역시 명예의 문제가 아닌 **하나님은 우리 믿음의 행위와 사랑의 수고를 잊으실 만큼 불의하지 않으시다**는 확신 또 하나님은 온전한 마음으로 그분 앞에 행한 자를 기억하신다는 확신을 갖고 간청했습니다.

우선, 하나님 앞에 온전한 마음으로 행하는 사람은 이러한 확신에 관해 잘 알고 있습니다. 물론, 양심의 문제일 수도 있지요. 말씀은 이런 점을 분명히 제시합니다. 자, 성경이 히스기야에 관해 무어라고 증거하는지 봅시다(왕하 18:3~6). 그가 그의 조상 다윗이 행한 모든 것을 따라 주의 목전에 옳은 것을 행하였더라. 이 말씀을 시작으로 성경은 하나님의 목전에 옳은 삶, 그 삶의 여러 요소들이 무엇인지 나열합니다. 그가 이스라엘의 주 하나님을 신뢰하였으며 주께 밀착하고 그를 따르는 데서 떠나지 아니하였으며, 주께서 모세에게 명령하신 그의 계명들을 지켰더라. 주께서 그와 함께하셨더라. 히스기야는 신뢰, 사랑, 성실, 순종의 삶을 살았습니다. 그리고 주님은 그와 함께하셨습니다. 그는 믿음을 통하여 그들이 좋은 평판을 얻었도다라는 말씀에 걸맞는 사람이었습니다. 주변 사람들은 그를 가리켜 의로운 자, 하나님을 기쁘시게 하는 자라고 말했습니다.

우리는 위와 같은 양심, 확신을 추구해야 합니다. 바울은 이러한 양심을 가졌습니다(고후 1:12). 우리의 자랑이 이것이니 우리의 양심의 증거라. 이는 우리가 진지함과 경건한 성실함으로 하되 육신의 지혜가 아닌 하나님의 은혜로 행한 것이라. 요한도 마찬가지입니다(요일 3:21,22). 사랑하는 자들아, 만일 우리 마음이 우리를 정죄하지 아니하면 우리가 하나님 앞에서 담대함을 얻고 무엇이든지 구하는 것을 그에게서 받나니, 이는 우리가 그의 계명들을 지키고 그의 목전에 기쁨이 되는 일들을 행함이라. 완전한 화평과 확신을 얻으려면, 성경이 증거하는 거룩한 담대함과 복된 자랑으로 행하려면 우리 마음이 하나님과 더불어 온전해야 합니다.

우리는 히스기야의 기도를 통해 또 다른 교훈, 즉 온전한 마음에서 우러나온 확신이 놀라운 기도의 능력을 발휘한다는 점을 배울 수 있습니다. 그가 기도에서 사용한 단어들을 다시 읽어보세요. 그리고 온전한 마음에서 우러나온 행위가 기도에 얼마나 명확하게 드러나는지 보세요. 요한이 인용한 말씀을 다시 읽어보고 요한이 무어라 말하고 있는지 보세요. **우리가 그의 계명들을 지키기 때문에 무엇이든지 구하는 것을 받는다.** 마음이 우리를 정죄하지 않는다는 건 우리가 하나님 앞에 온전하다는 뜻이고 우리는 그로 인해 담대함을 얻습니다.

독자 여러분 중에서 마음이 하나님 앞에 온전하지 못해 확신이 들지 않고 기도에 어려움을 겪는 일이 얼마나 괴로운지 모르는 사람은 없을 겁니다. 온전한 마음에 관한 잘못된 견해와 히스기야의 기도 방식을 독선적이고 위험하다고 여기는 관점은 요한이 정죄하지 않는 마음과 연관 지었던 확신과 담대함을 기도로 얻을 수 있다는 그 모든 가능성을 몰아냅니다. 우리는 모든 편견을 버리고 하나님의 말씀을 우리 믿음의 유일한 잣대로, 기대의 척도로 받아들이는 법을 배워야 합니다. 그리고 매일 기도를 드릴 때마다 하나님께서 요구하시는 온전한 마음을 새롭게 상기해야 합니다. 뿐만 아니라, 하나님 앞에 온전한 마음으로 행한 일이나 그렇지 못한 일에 관해 꾸밈없이 고백하고 하늘에 계신 아버지와의 교제에 새로운 동기를 부여해야 합니다. 그래야 하나님 안에서 얻는 우리의 담대함이 더 명확해지고 하나님의 응답으로 인한 우리의 확신이 더 선명해지며 스스로를 아무것도 아니라고 여기는 겸손한 생각이 더 활발해질 수 있습니다. 연약한 우리 안에서 역사하는 하나님의 힘, 그 힘에서 오는 우리의 확신과 그분의 응답은 우리 삶의 기쁨이 됩니다.

독자 여러분, 불완전한 결실 가운데서도 어린아이같이 순수하게 오 주여, 내가 주 앞에서 온전한 마음으로 행한 것을 기억하소서라고 말할 수 있기를 바랍니다.

05

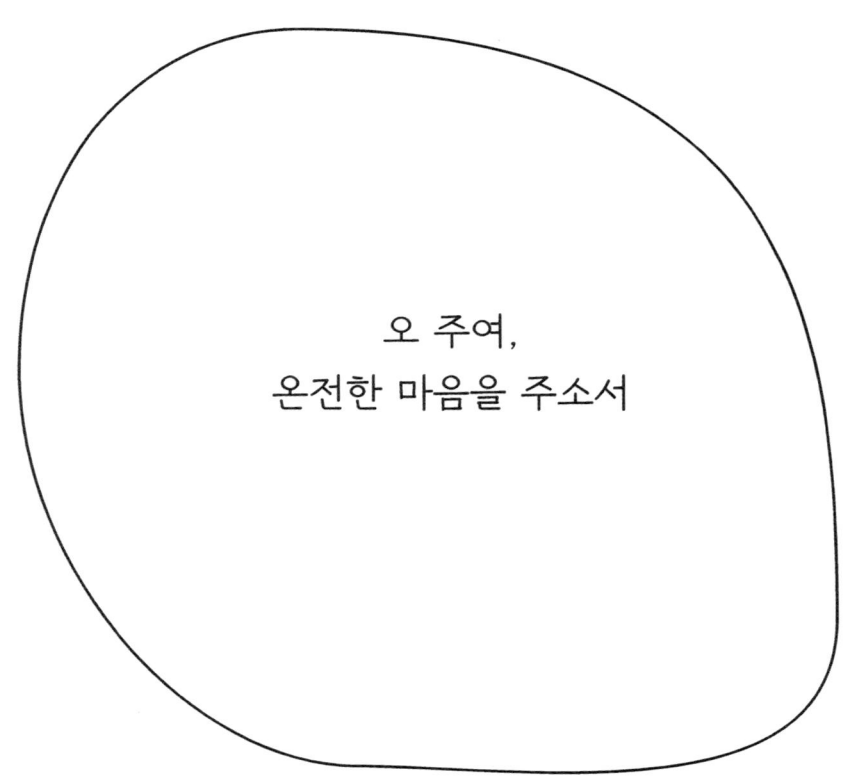

오 주여,
온전한 마음을 주소서

,

내 아들 솔로몬에게 온전한 마음을 주시어
주의 계명들과 증거들과 규례들을 지키게 하소서.
(대상 29:19)

주의 규례로 내 마음을 온전케 하소서.
(시 119:80)

Day 5

　마지막을 고하며 모든 것을 솔로몬에게 위임하는 자리에서 다윗은 온전한 마음으로 하나님을 섬길 것을 당부합니다. 하나님은 마음을 살피시는 분이시기 때문이지요. 그분이 원하시는 건 바로 마음, 완전한 마음, 온전한 마음입니다. 다윗은 성전을 위한 모든 재료에 관한 헌정 기도 후에 다시 이 주제로 돌아가 아들에게 온전한 마음을 선물로 주시라고 간청합니다. **내 아들 솔로몬에게 온전한 마음을 주소서.** 온전한 마음은 하나님이 그분의 원칙에 따라 주시는 선물입니다. **온전하라, 완전하라**는 명령은 즉각적이고 완전한 순종을 요구합니다. 이러한 순종이 있는 곳에 마음을 온전하게 하는 거룩한 능력에 관한 열망이 있고 이러한 필요는 간절하고 끈질긴 기도로 드러납니다. 명령의 말씀은 선하고 정직한 마음에 심겨져서 거룩한 능력의 씨앗이 됩니다. 하나님은 우리 안에서 은혜로 역사하고 우리를 자극하여 일하게 하십니다. 그렇기에 하나님의 명령을 따라 온전한 마음으로 그분을 섬기고자 하는 열망은 그분이 기뻐하는 바, 곧 완전의 시작입니다. 온전한 마음의 선물은 믿음의 순종을 통해 얻어집니다. 우선, 온전한 마음으로 하나님을 섬기는 일부터 시작하세요. 그러면 온전한 마음을 받게 될 겁니다.

온전한 마음은 하나님께서 주시는 선물이자 우리가 구해야 하는 것이며 기도로 받을 수 있습니다. **온전하라**는 하나님의 말씀을 명확한 명령이자 즉각적인 의무로 온전히 받아들이기 전까지는 그 누구도 마음을 다해 믿음으로 끈질기게 기도하지 않을 겁니다. 하나님의 말씀을 받아들이면 인간적인 노력으로는 절대 순종할 수 없다는 확신이 강하게 일기 시작할 겁니다. 또한, 명령의 말씀이 혼을 하나님께로 이끌 거라는 믿음 역시 자라날 겁니다.

온전한 마음은 기도로 얻는 선물입니다. 다윗은 과거에 **주의 규례로 내 마음을 온전케 하소서**라고 기도했던 때와 마찬가지로 자기 아들 솔로몬에게 온전한 마음을 주시라고 간구했습니다. 여러분도 이 축복을 바란다면 다윗의 본을 따르세요. 확실하고 간절한 기도의 문제로 삼고 하나님의 자녀로서 아버지께 구하세요. "당신의 자녀에게 온전한 마음을 주소서." 온전에 관한 명령이나 가르침이나 약속을 묵상하세요. 그리고 그 묵상을 온전한 마음의 선물을 주장하고 요구하며 받아들이고 입증하는 효과적이고 개인적인 기도에 녹여내세요. 명령의 씨앗이 뿌리를 내리기 시작하고 온전한 마음을 향한 첫걸음이 생의 목적, 곧 하나님만을 위해 살겠다는 목적에 닿아 영이 자각하면 흠 없는 온전한 마음을 위해 기도하고 또 기도하세요. 하나님을 향한 목적에 있어 온전한 마음은 시작일 뿐입니다. 가다 보면 은혜에 은혜가 따르고 능력에 능력을 더하며 완전함에 이르러 주 예수님, 그분의 거룩한 형상의 특징, 독특함을 닮아가게 될 겁니다. 이 모든 것 역시 기도의 능력이 따릅니다. 온전한 목적이 무엇인지 아는 사람은 완전에 이르기 위해 기도합니다.

히스키야의 말에서 우리는 온전한 마음의 두 가지 요소를 발견할 수 있습니다. 하나는 하나님과의 관계이고 또 하나는 그분의 계명과의 관계입니다. 히스키야의 기도와 다윗의 기도를 보세요. 내가 주 앞에서 온전한 마음으로 행하고 주의 목전에서 선한 것을 행했나이다. 온전한 마음을 주시어 주의 계명들을 지키게 하소서. 자, 이 두 가지는 항상 함께 갑니다. 하나님의 존재를 인지하고 그분 앞에 행한다면 반드시 그분의 계명을 행하게 되어 있지요.

모든 좋은 선물과 모든 온전한 선물이 위로부터, 곧 빛들의 아버지께로부터 내려오느니라. 온전한 마음의 선물도 그렇습니다. 오직 믿음으로 구하고 아무것도 의심하지 말라. 하나님께서 요구하시는 온전한 마음이 무엇인지 알고 그것을 열망하는 혼으로서 하나님께 경배와 찬양을 드리세요. 독자 여러분, 담대히 기도하고 또 기도합시다. 주여, 주의 자녀에게 온전한 마음을 주소서. 주의 규례로 내 마음을 온전케 하소서.

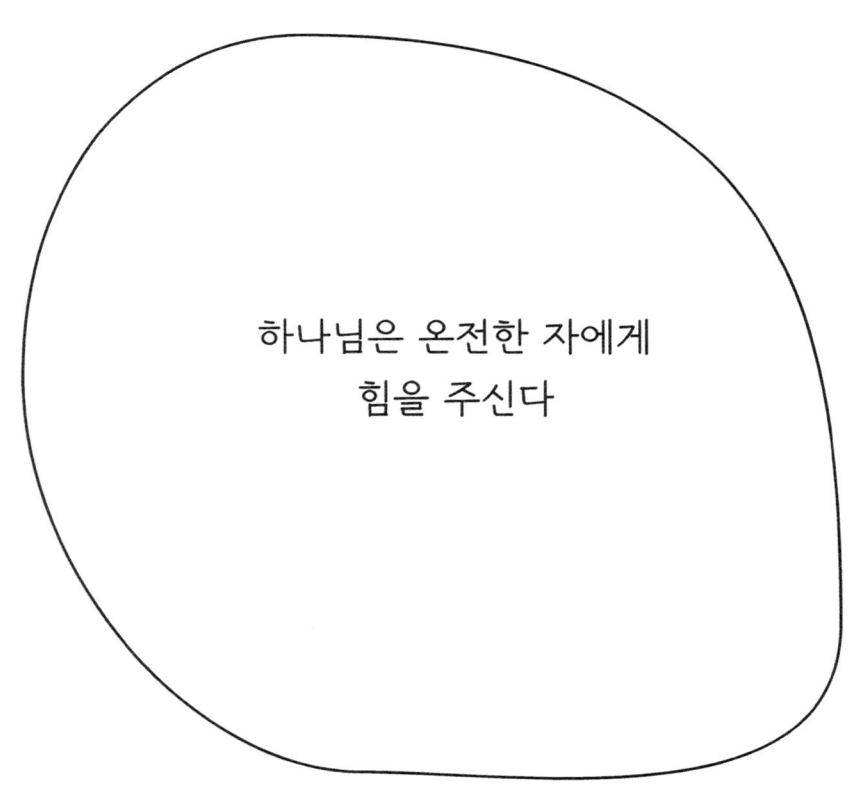

하나님은 온전한 자에게
힘을 주신다

,

에디오피아인들과 루빔인들은 대군대가 아니었나이까?
그래도 왕이 주를 의지하였기에
그분께서 그들을 왕의 손에 넘겨주셨나이다.
이는 주의 눈은 온 땅을 두루 살피시어
자신을 향하여 마음이 온전한 자들을 위하여
자신이 강함을 보이심이니이다.
(대하 16:8,9)

Day 6

 우리는 본문에서 하나님이 아브라함에게 말씀하셨던 세 가지 명령을 동일하게 볼 수 있습니다. 하나님의 능력을 신뢰하는 믿음과 그분의 임재 가운데 수행하는 행위에 관해서 완전하라는 명령이 바로 그것이지요. 본문에서는 온전한 마음을 하나님의 능력을 경험하기 위한 조건으로, 또 그분의 임재 가운데 행하는 사람들에게서 발견할 수 있는 값진 것으로 말하고 있습니다. 하나님께서는 온전한 마음을 바랄 뿐만 아니라 그러한 마음을 찾기 위해 **온 땅**을 두루 살피십니다. 지금도 온전한 마음으로 아버지께 경배하는 자들은 찾고 계십니다. 그리고 그러한 자들은 발견하면 그들을 위해 자신의 힘을 보이십니다. 고로 혼은 온전한 마음을 통해 하나님의 영광과 힘을 드러내고 소유할 능력을 부여 받습니다.

본문은 하나님을 신뢰하는 것이 온전한 마음의 주된 특징임을 보여줍니다. 왕이 주를 의지하였기에 그분께서 그들을 왕의 손에 넘겨주셨나이다. 이는 주의 눈은 온 땅을 두루 살피시어 자신을 향하여 마음이 온전한 자들을 위하여 자신이 강함을 보이심이니이다. 하나님께 하나님으로서의 자리와 영광을 드리고 자유로이 역사하실 수 있도록 그분만을 신뢰하는 것, 즉 하나님을 하나님으로 두는 것이야말로 믿음의 본질입니다. 마음은 그러한 믿음과 신뢰를 통해 하나님을 향한 온전을 입증해 보입니다. 확신이나 열망 역시 하나님께만 달려 있습니다. 하나님은 온 땅을 두루 살피다가 그러한 사람을 발견하면 그의 능력의 풍성한 영광에 따라 자신의 힘을 기꺼이 보이고 그 안에서 또 그를 위해 기쁘게 일하십니다.

본문은 그리스도인의 삶에서 꼭 알아야 하는 귀중한 교훈을 알려 줍니다. 지금 하는 일이나 매일의 삶을 위해 또는 사역이나 시련을 위해 우리를 강하게 만드실 뿐만 아니라 우리 안에서 강한 힘을 보이시는 하나님을 얻기 위해 우리 마음은 그분 앞에 온전해야 합니다. 진리를 받아들여야 하는 순간에 뒷걸음질 치지 마세요. 하나님의 말씀이 우리 안에서 충만히 역사할 때 온전에 이의를 제기하는 선입견이 끼어들어 방해하지 못하게 하세요. 하나님은 그분을 향해 마음이 온전한 자들에게 강한 힘을 보이십니다. 온전한 마음이 무엇인지 정확히 정의 내리기 전에 우선, 하나님이 말씀하시는 온전한 마음이 우리의 것이 되리라는 진리를 믿으세요. 주님의 눈이 우리의 온전한 마음을 살피실 테니 기뻐하며 편히 쉬세요. 그날에 두려워 말고 이렇게 말합시다. **내가 전심으로 주를 찾았나이다.**

우리는 하나님을 신뢰하는 것이 왜 온전한 마음의 주된 특징인지 살펴보았습니다. 하나님은 그분을 온전히 신뢰하는 사람들을 찾고 또 그들 안에서 그분의 힘을 보이십니다. 그분은 신비한 영광의 하나님이자 무한한 능력의 하나님이십니다. 우리의 생각으로는 그분이 우리를 위해 무엇을 하실 수 있는지, 그 정확한 개념을 잡을 수 없습니다. 하나님의 말씀과 약속을 가지고 있다 해도 인간의 생각은 항상 불완전하기만 합니다. 아무것도 하지 않을 바에는 차라리 하나님을 제한하는 것이 더 그분을 존중하는 자세입니다. 마찬가지로 아무것도 하지 않을 바에는 차라리 우리의 가능성에 관한 하나님의 목적에 대해 인간적인 관점으로 사고하는 것이 더 낫습니다. 후자보다 전자가 더 하나님을 제한하는 자세입니다. 하나님을 향한 온전한 마음의 신뢰는 어떤 자세를 말하는 걸까요? 앞서 살펴보았듯 그분을 하나님으로 따르고 신뢰하며 그분이 그분의 방식대로 약속을 이행하실 수 있도록 믿음을 가지고 바라볼 뿐만 아니라 마음이 그분을 향해 온전하고 믿음 역시 온전하여 그분이 하시는 일과 그분 자체를 전적으로 신뢰하는 겁니다. 온전한 믿음은 모든 예상을 뛰어넘는, 차원이 다른 것을 하나님께 기대합니다.

아버지는 온전한 자들을 찾으십니다. 아! 그러한 자들을 찾았을 때 아버지가 느낄 기쁨을 생각해보세요! 그분의 눈이 온 땅을 두루 살피다가 그들을 발견하고 강한 힘과 전능한 손길을 보일 때의 기쁨 말입니다. 온전한 마음으로 하나님 앞에 행하고, 눈에 보이는 증거가 없다 해도 그분을 전적으로 신뢰하세요. 그러면 하나님께서 우리의 바람이나 생각 이상으로 우리 안에서 역사하실 겁니다. 영적 생활에서 가장 필요한 것 중 하나가 바로 하나님을 전적으로 신뢰하는 법과 우리 안에서 역사하는 그분의 위대한 능력을 아는 겁니다. 혼이 이 진리를 알고 온전한 마음으로 전능한 하나님을 섬기며 그분의 역사를 믿을 때 그분은 위대한 힘과 능력을 보이실 겁니다.

07

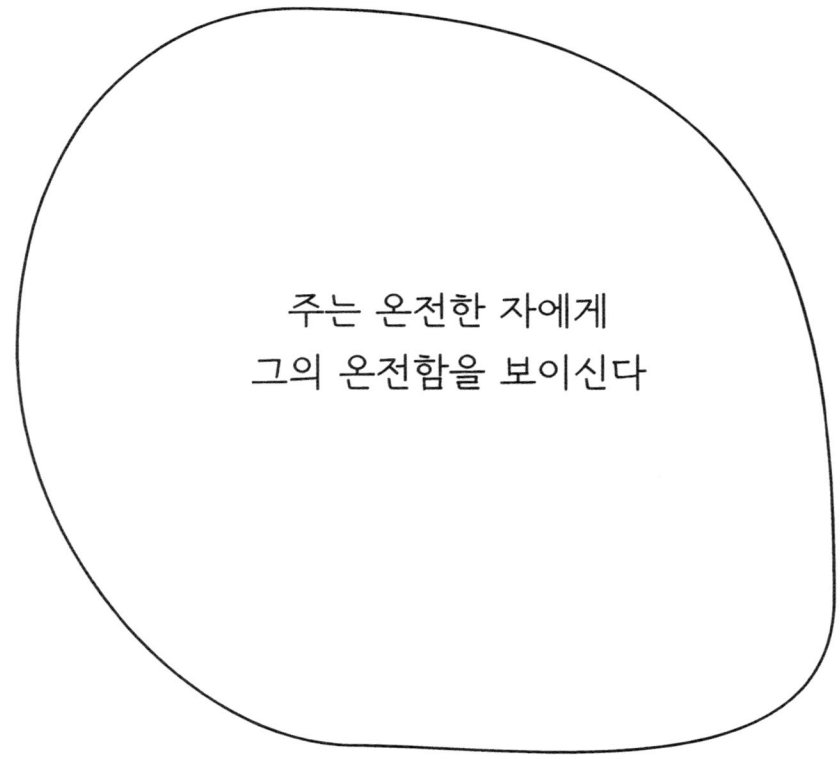

주는 온전한 자에게
그의 온전함을 보이신다

,

내가 또 그의 앞에서 온전하였고
내 죄악으로부터 나를 지켰도다.
(시 18:23)

주께서 온전한 자에게는
주의 온전함을 보이실 것이요.
(시 18:25)

하나님으로 말하면
그의 길은 완전하고
그는 자기를 의뢰하는 모든 자들에게
방패가 되시는도다.
(시 18:30)

힘으로 내게 띠를 두르시며
나의 길을 온전케 하시는 분은
하나님이시라.
(시 18:32)

Day 7

하나님으로 말하면 그의 길은 완전하도다. 모든 일에서, 모든 것에서 하나님은 완벽한 선이자 미美입니다. 자연과 본질, 하늘과 땅, 가장 큰 것에서부터 가장 작은 것에 이르기까지 모든 것이 하나님의 것이며 그분께 속해 있고 완전합니다. 심지어 그분의 옷 끝자락까지도 완전하지요. 사람들이 하나님의 완벽한 역사에 경탄하고 이를 연구한다면, 성도들이 그분의 완벽한 형제애와 섬김을 구하고 사랑할 뿐만 아니라 진정으로 이해한다면 하나님 안에서만 진정한 온전을 발견하고 깨달을 수 있다는 사실을 알게 될 겁니다. 하나님으로 말하면 그의 길은 완전하도다. 완전에 관해 완전히 이해하지 못했다고 하더라도 본문은 하나님께 보낼 수 있는 최고의 찬사입니다.

하나님은 나의 길을 온전케 하신다. 하늘과 땅은 하나님의 영광으로 충만합니다. 그리고 그분은 완전을 그저 간직하고만 있지 않으십니다. 이것이 바로 하나님의 완전의 탁월한 면이라고 할 수 있습니다. 하나님은 사랑이십니다. 그러나 그 사랑은 자신을 위한 것이 아닙니다. 하나님의 사랑은 영생의 능력으로 피조물을 창조할 뿐만 아니라 그들로 그분의 완전에 동참하게 합니다. 그분을 둘러싼 모든 것이 완전하게 되는 것, 이것이 하나님의 기쁨입니다. 특히, 하나님 앞에 다시 태어난 사람의 혼이 그렇습니다. 하나님과 그분의 종은 완벽한 조화를 이룹니다. 아버지는 자녀가 자신을 닮기를 바라며 그러한 자녀를 사랑합니다. 하나님 역시 우리의 아버지입니다. **하나님으로 말하면 그의 길은 완전하도다**라고 찬양하며 경배하면 이윽고 시편의 저자처럼 **하나님은 나의 길을 온전케 하시리라**는 믿음과 은혜를 소유하게 될 겁니다.

우리가 이 말씀을 믿음으로써 하늘의 진리가 우리 마음속 깊은 곳에 심겨 완전히 동화되면 시편 저자의 또 다른 고백에 마음으로 동의하게 될 겁니다. **내가 또 그의 앞에서 온전하였고 내 죄악으로부터 나를 지켰도다. 힘으로 내게 띠를 두르시며 나의 길을 온전케 하시는 분은 하나님이시라**. 하나님만이 홀로 피조물의 힘이고 영광입니다. 이 때문에 **내가 또 그의 앞에서 온전하였도다**라고 고백할 수 있는 거지요. 이 고백은 건방진 자기 의가 아니라 그분께 속한 피조물이 마땅히 올려야 하는 찬사입니다.

자, 이제 본문을 쭉 읽어가다 보면 하나님의 완전과 인간의 완전이 완벽한 조화를 이루는 모습을 볼 수 있습니다. 주께서 온전

한 자에게 주의 온전함을 보이실 것이요. 아무리 날씨가 우중충하고 흐리다 해도 태양이 뿜어내는 광선은 미미하게나마 존재하며 태양 역시 하나님의 창조물이므로 그분의 완전을 담고 있습니다. 마찬가지로, 혼이 완전을 위해 미미한 첫걸음을 떼고 암울하고 무망한 투쟁을 일어갈 때 하나님의 완전이 이 모든 난관을 돌파하고 그분의 완전을 안겨줄 겁니다. 그러나 인간이 이에 동의하지 않으면 하나님은 자신의 완전을 알려 줄 수 없습니다. 왜냐하면 우리가 그분께 어떤 자세를 보이느냐에 따라 그분이 우리에게 보여주실 모습이 결정되기 때문입니다. **주께서 완고한 자에게는 주의 완고하심을 보이시리라.** 고로, 인간이 하나님의 완전에 동의하고 마음으로 받아들이면 하나님은 혼을 만나 그분의 온전을 충만히 나타내 보이실 겁니다. **주께서 온전한 자에게 주의 온전함을 보이시리라.**

그리스도인 여러분! 온전한 마음으로 하나님 앞에 행하세요. 그러면 여러분에게 부어진 마음, 사랑, 하나님의 뜻이 얼마나 완벽한지 경험하게 될 겁니다. 여러분의 마음을 온전히 하나님께 드리세요. 그러면 하나님께서 그 마음을 완전히 품으실 겁니다. 나의 길을 온전하게 하시는 분은 하나님이십니다. 온전한 길 안에서 하나님 앞에 행하세요. 그러면 여러분의 눈과 마음이 열려 완전한 하나님의 길이 어떻게 여러분과 함께하고 또 여러분을 위해 펼쳐지는지 목도하게 될 겁니다. 주께서 온전한 자에게 주의

온전함을 보이시리라. 이 말씀을 하나님이 스스로를 계시하는 일종의 법칙으로 삼고 담대히 붙드세요. 하나님은 자신을 완전히 내어드린 혼에 자신을 선명히 드러내 보이실 겁니다. 온 마음과 생이, 모든 신뢰와 순종이 하나님을 향하게 하세요. 온전한 마음으로 하나님 앞에 행하세요. 그러면 그분께서 자신을 완전히 드러내 보이실 겁니다. 여러분의 길을 온전하게 할 뿐만 아니라 모든 선한 것들 안에서 여러분을 온전하게 하시는 분은 하나님이십니다. **내가 전심으로 주를 찾았나이다**라는 고백과 함께 하나님을 만나세요. 그러면 그분께서 정녕, 내가 너를 **기뻐하여** 너에게 선을 행하리니 온 마음과 내 온 혼으로 그리하리라고 답하실 겁니다. 독자 여러분, 믿음과 소망과 기쁨으로 고백하세요. **주께서 온전한 자에게 주의 온전함을 보이시리라.**

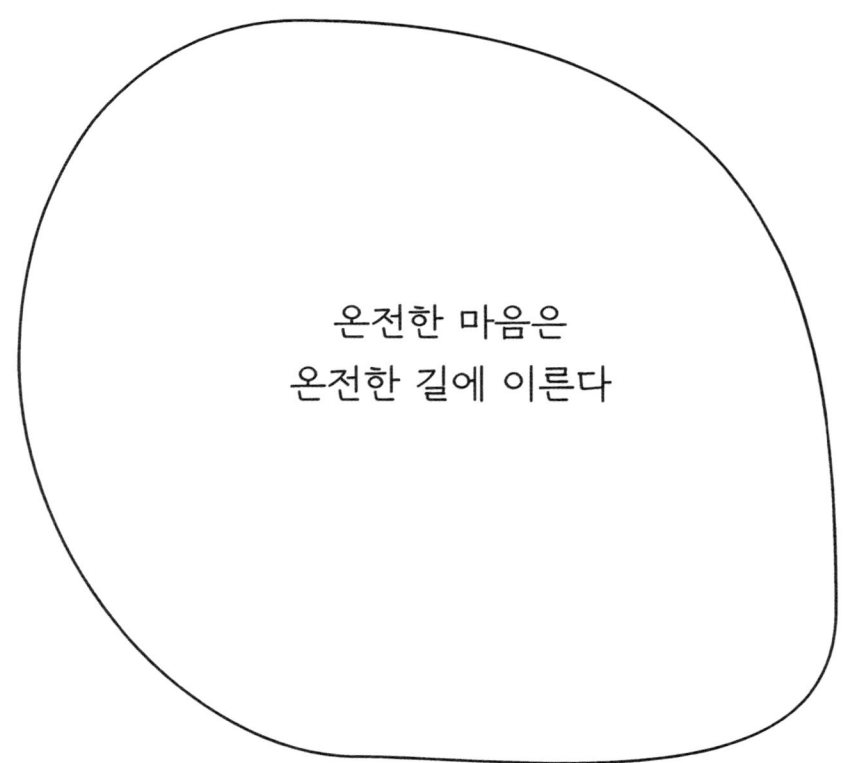

온전한 마음은
온전한 길에 이른다

,

주의 법 안에서 행하여
그 길에서 더럽혀지지 않은 자들은
복이 있도다.
그의 증거들을 지키고
전심으로 그를 구하는 자들은
복이 있도다.
(시 119:1,2)

                              주의 규례로 내 마음을 온전케 하소서.
                                            (시 119:80)

내가 온전한 길에서 지혜롭게 행동하리이다.
오, 주께서는 언제 내게 오시겠나이까?
내가 온전한 마음으로 내 집에서 행하리이다.
(시 101:2)

Day 8

이전 과에서는 온전한 마음에 관한 말씀을 살펴보았습니다. 본문에서는 이에 더해 온전한 길에 관해 말하고 있습니다. 주의 법 안에서 행하여 그 길에서 더럽혀지지 않은 자들은 복이 있도다. 첫 번째 본문은 아름다운 시편의 서두를 장식하면서 하나님의 뜻과 법안에 있는 복된 삶의 모습을 개인적인 간증을 통해 제시하고 있습니다. 시편 저자는 과거를 회상하면서 조금도 주저하지 않고 자신이 주의 규례를 지켰다고 고백합니다. 내가 주의 증거들을 지켰나이다. 내가 주의 법을 따랐나이다. 내가 주의 규례들을 떠나지 않았나이다. 내가 주의 명령에서 벗어나지 않았나이다. 내가 공의와 정의를 행했나이다. 내가 주의 증거들에서 벗어나지 않았나이다. 내가 주의 계명들을 행했나이다. 내 혼이 주의 증거들을 지켰나이다. 하나님을 우러러보는 사람은 순수한 혼으로 이렇게 고백합니다. 그 길에서 온전한 자들은 복이 있도다!

시편을 공부해 나갈수록 그 길에서 온전한 자들이라는 말의 의미가 점차 분명해집니다. 완전에는 두 가지 요소가 있습니다. 하나는 온전한 마음과 그에 담긴 진심 어린 목적으로, 하나님과 그분의 뜻을 구하기 위해 자신을 내어 드리는 걸 뜻합니다. 다른 하나는 완전한 순종입니다. 이 순종은 하나님의 모든 계명들을 단 하나도 빠짐없이 지키기 위해 구하고 하나님의 모든 뜻 안에서 온전히 설 수 있는 신약의 특권에 기뻐하며 평안을 누립니다. 시편 저자는 이 두 요소에 강한 확신을 가지고 말합니다. 그가 앞서 고백한 말씀에 주목해봅시다. 전심으로 그를 구하는 자들은 복이 있도다. 자, 이제 이 고백 이후의 말씀을 보세요. 내가 전심으로 주를 찾았나이다. 내가 전심으로 주의 법을 지키리이다. 주의 법은 내게 기쁨이니이다. 아, 내가 얼마나 주의 계명들을 사랑하는지요. 내가 주의 법규들을 얼마나 사랑하는지 보소서. 내가 그것들을 심히 사랑하나이다. 우리가 이전에 살펴보았던 온전한 마음이 바로 이것입니다. 시편 전체가 하나님의 종이 얼마나 온 마음을 다해 하나님과 그의 법을 자신의 것으로 택했는지 봐달라는 기도이자 간구입니다.

우리는 시편 저자와 같이 하나님의 완전을 위한 기초를 가지고 있다고 온전한 마음으로 고백할 수 있어야 합니다.

그러나 이 고백은 기초이자 시작일 뿐입니다. 앞서 살펴본 필

수 원칙 외에 한 가지 더 명심해야 할 진리가 있습니다. 바로 하나님을 그분의 뜻 안에서 발견할 수 있다는 겁니다. 진정으로 하나님을 찾기 원한다면 그분의 뜻 안에서 만나야 합니다. 그러나 많은 사람이 이 진리를 쉽게 간과해버리곤 합니다. 고로, 어떤 사람이 하나님을 온전히 섬기고자 하는 마음을 가진다고 해도 하나님의 뜻에 관해서는 전혀 생각지 못하는 상황이 발생할 수 있습니다. 하나님을 향한 간절한 목적과 완전한 확신에 스스로 속을 수 있기 때문입니다. 하나님의 뜻을 알고 행한다고 하나, 그 뜻에 어떤 복이 담겨있는지 모르는 경우가 다반사입니다. 그러한 경우에는 시편 저자를 통해 많은 교훈을 얻어야 합니다.

시편 저자의 고백에 귀 기울이세요. **내가 나의 발을 모든 악한 길에서 삼갔나이다. 내가 모든 거짓된 길을 미워하나이다. 내가 모든 것에 관한 주의 법규들을 바른 것으로 여기나이다. 주의 규례로 내 마음을 온전케 하소서.** 이처럼 남은 모든 생을 바치는 복종과 완전한 순종은 시편 저자가 거룩한 가르침을 얼마나 필요로 하는지 또 그 가르침으로 얻게 될 복을 얼마나 강하게 신뢰하는지 보여줍니다. 그 길 안에서 온전해지기를 바라며 거룩한 가르침을 간절히 구하는 혼은 결코 낙심하지 않을 겁니다.

자, 이제 신약으로 넘어가서 묵상해봅시다. 구약은 영의 부활과 약속의 성취를 기다리면서 준비하는 때였습니다. 그래서 구약에서 말하는 온전한 마음은 하나님으로 채워질 때를 위해 비어있고 깨끗한 상태를 유지하는 그릇이었지요. 그러나 신약에서는 영원히 완전하신 그리스도께서 우리가 그분 안에서 온전히 행하도록 우리를 온전하게 하십니다. 즉, 신약에서는 완전한 사랑, 하나님의 사랑이 우리를 온전하게 했기 때문에 인간적인 면, 곧 준비된 그릇으로 충만해지는 때를 기다리는 구약의 온전한 마음이 자취를 감춥니다.

그 길에서 온전한 자들은 복이 있도다라고 구약에서 고백한 성도가 신약에서는 그들 가운데 약한 자가 다윗같이 되리라고 언급되는 걸 보세요. 확실히 지금은 우리의 대제사장 예수님이 영생의 능력으로 완전한 구원을 이루고 성령님이 하늘에서 내려와 우리와 우리의 삶에 거하는 충만의 때입니다. 그렇기 때문에 위 말씀을 문자 그대로의 진리로 받아들일 필요는 없지만, 그 안에 담긴 교훈은 되새길 필요가 있습니다. 본문을 다시 읽어보세요. 그리고 시편 저자처럼 하나님 앞에 소리 내어 말하세요. 그 길에서 온전한 자들은 복이 있도다. 전심으로 그를 구하는 자들은 복이 있도다.

내가 온전한 길에서 지혜롭게 행동하리이다. 오, 주께서는 언제 내게 오시겠나이까? 내가 온전한 마음으로 내 집에서 행하리이다.

09

아버지와 같이 온전하라

,

그러므로 하늘에 계신 너희 아버지께서 온전하심같이
너희도 온전하라.
(마 5:48)

Day 9

하나님 앞에 온전하라, 하나님과 더불어 온전하라, 하나님을 향해 온전하라. 모두 구약에서 볼 수 있는 표현이며 관계, 즉 마음의 선택이나 목적이 하나님께 놓여 있을 뿐만 아니라 그분을 전적으로 순종하고 신뢰하는 관계를 나타냅니다. 본문과 같은 신약의 말씀은 우리를 완전히 다른 차원으로 끌어 올려놓고 그리스도께서 우리에게 주신 완전의 의미를 보여 줍니다. 하나님을 향해 온전한 것 이상으로 하나님과 같이 온전하라고 말하고 있기 때문이지요. 참으로 놀라운 가능성을 시사하고 있는 말씀입니다. 본문은 하나님이 생각하는 온전이라는 단어의 깊은 의미를 나타내고 우리의 목표와 판단의 기준을 제시하며 완전을 얻기 위한 인간의 헛된 노력을 꺾고 새로운 소망, 곧 하나님 아버지가 우리를 그분과 같이 온전하게 할 능력과 뜻을 가지고 있다는 소망을 일깨웁니다.

　어린아이는 아버지의 완벽한 모형이 될 수 있습니다. 나이, 키, 힘에서는 분명 큰 차이가 나겠지만, 누구나 알아챌 수 있을 정도로 닮을 수 있지요. 하나님의 자녀 역시 아버지와 완전히 똑같지는 않더라도 눈에 띌 정도로 닮은 모습을 갖출 수 있습니다. 거룩한 삶을 사는 아버지처럼 피조물의 삶을 살면서도 온전해질 수 있는 거지요. 예수님이 친히 명령하셨으니 충분히 실현 가능합니다. 고로, 우리는 **하늘에 계신 너희 아버지께서 온전하심같이 너희도 온전하라**는 명령을 목표로, 신념의 첫 번째 조항으로, 그리스도인 삶의 등대로 삼아야 합니다.

　본문 앞에 나오는 구절을 통해 하나님의 완전이 어디에 있는지 알 수 있습니다. **너희 원수들을 사랑하라. 그래야 너희가 하늘에 계신 너희 아버지의 자녀들이 되니, 이는 하나님께서 그분의 태양을 악인과 선인 위에 떠 오르게 하시며, 의로운 자와 불의한 자 위에 비를 내리심이라. 그러므로 하늘에 계신 너희 아버지께서 온전하심같이 너희도 온전하라.** 누가복음 6장 36절도 원수를 사랑하라고 말하면서 **그러므로 너희 아버지께서 자비로우신 것같이 너희도 자비로우라**고 명합니다. 하나님의 완전은 하나님의 사랑, 곧 그분의 행복과 축복을 주변의 모든 피조물과 나누는 사랑입니다. 또한, 하나님의 동정과 자비는 그분 존재 자체의 영광입니다. 하나님은 사랑과 자비와 은혜의 삶 가운데 우리의 영광을 발견하도록 우리를 그분의 형상을 따라 그분과 닮은 모습으로 창조하셨습니다. 그러니 우리 아버지가 온전하신 것처럼 우리도 사랑 안에서 온전해질 겁니다.

본문에 의구심이 드는 분들도 있을 겁니다. "저 명령이 가능하긴 한 걸까? 가능하다면, 어떻게 가능한 걸까?" 분명한 사실은 인간적인 노력의 결실로는 불가능하다는 겁니다. 본문을 보세요. 말씀에 답이 있습니다. **너희 아버지께서 온전하심같이 너희도 온전하라.** 어린아이는 아버지로부터 생명을 이어받고 아버지의 양육을 받으며 성장하기 때문에 힘의 확연한 차이가 있더라도 눈에 띄게 아버지를 닮고 자랄수록 더욱더 많이 닮아가게 됩니다. 하나님의 아들들도 거룩한 본성에 동참자로서 하나님의 생명, 영, 사랑을 받았기 때문에 **너희 아버지와 같이 온전하라**는 명령은 온당하며 이에 순종하는 자세 또한 충분히 가능한 일입니다. 온전은 우리 아버지께 속한 겁니다. 그리고 우리는 이 씨앗을 우리 안에 품고 있으며 그분은 우리 안에 있는 씨앗을 기쁨으로 자라나게 하십니다. 처음에 이 본문을 마주했을 때는 완전한 무력감에 기가 꺾였겠지만, 지금에 와서 보세요. 이 명령은 우리의 소망이자 힘입니다. **너희 아버지께서 온전하심같이 너희도 온전하라.** 자녀로서 마땅히 물려받아야 할 천성, 유업을 주장하세요. 진정한 하나님의 아들이 되겠다고 고백하며 완전히 헌신하세요. 아버지께서 아버지의 일을 하실 수 있도록 자신을 내어드리세요.

우리는 본문의 발화자가 누구인지 분명히 기억해야 합니다.

바로 온전해지기 위해 고난을 겪었고 순종을 배웠으며 완전에 이르렀고 우리를 영원히 온전하게 한 아들, 예수님입니다. 온전하라는 명령은 우리의 맏형, 예수님이 영원한 소망의 약속으로 준 말씀입니다. 아버지께서는 예수님이 우리에게 요구한 것을 주시고 예수님이 말한 것을 행하십니다. 기억하세요. **각 사람을 그리스도 예수 안에서 온전하게 제시하는 것은** 그리스도와 그의 복음의 목적 중 하나입니다. 독자 여러분, 예수님의 명령에 순종하여 따르고 그분께 우리 자신을 드리세요. 그분은 우리를 온전하게 하셨습니다. 우리의 모든 기대는 그분께 있습니다. 우리는 그분을 믿는 믿음을 통해 성령을 받았고 성령을 통해 하나님의 사랑이 우리 마음에 부어졌습니다. 그분을 믿는 믿음을 통해 우리 안에서 사랑의 샘이 끊임없이 흘러나오게 되었고 그분과의 연합을 통해 하나님의 사랑이 우리 안에서 완전해졌으며 우리는 그 사랑 안에서 온전해졌습니다. **너희 아버지께서 온전하심같이 너희도 온전하라.** 이 명령에 겁먹지 말고 순종하세요.

10

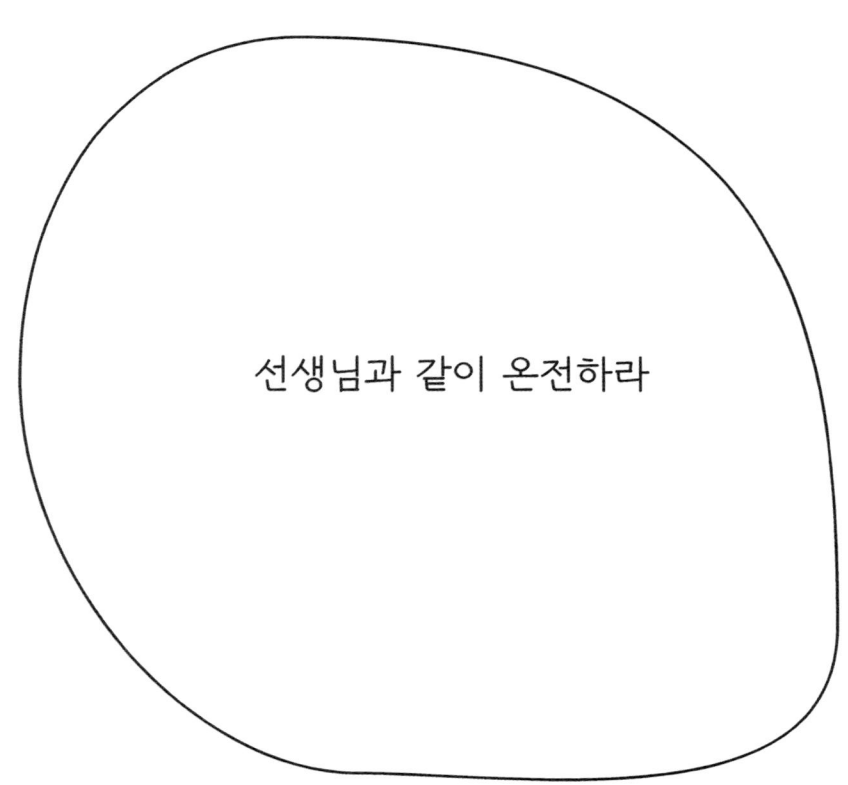

선생님과 같이 온전하라

,

그러므로 너희 아버지께서 자비로우신 것같이
너희도 자비로우라.
제자가 자기 선생보다 높지 못하나
온전한 자는 누구나 자기 선생과 같이 되리라.
(눅 6:36,40)

Day 10

 산상 설교에 관한 말씀을 살펴보면 누가는 예수님의 말씀을 너희 아버지와 같이 **온전하라**가 아닌 **자비로우라**고 기록합니다. 또한, 온전이라는 단어를 아버지가 아닌 그의 아들, 제자들의 선생과 연결 지어 설명합니다. 이러한 전환은 육신을 입은 우리의 본, 예수님을 바라보게 함으로써 매우 큰 교훈을 줍니다. 누군가는 우리 상황이나 능력과 하나님의 상황이나 능력을 비교해보면 뛰어넘을 수 없을 정도로 차이가 크기 때문에 하나님의 무한한 완전의 기준을 우리의 자그마한 세상에 적용하는 건 터무니없다고 말할지도 모릅니다. 그러나 그 대상이 아들이라면 이야기는 달라집니다. 그분은 육신을 입고 우리와 같이 모든 면에서 시험을 받았기에 자신을 우리의 선생이자 지도자로 제시합니다. 그분이 우리와 동일한 육신의 삶을 우리와 함께 사셨듯이 우리도 그분처럼 또 그분과 함께 살 수 있습니다.

거룩한 기준은 가시적으로 실체화되었습니다. 이제는 우리도 거룩한 기준에 닿을 수 있습니다. 아버지의 형상인 그분을 닮아갈수록 우리는 아버지를 닮아갈 것이며 수많은 형제들의 첫째인 그분을 닮아갈수록 아버지와 같이 온전해질 겁니다. 제자가 자기 선생보다 높지 못하나 온전한 자는 누구나 자기 선생과 같이 되리라.

제자가 자기 선생보다 높지 못하니라. 성경은 선생과 같이 된 제자가 때때로 외적인 모욕을 당한다고 말합니다. 스승처럼 제자도 괄시와 박해를 받는 거지요(마 10:24,25; 요 15:20). 때로는 스스로 종이 됨으로써 심적인 굴욕을 겪기도 합니다(눅 22:27; 요 13:16). 외적인 삶과 내면의 성품 모두에서 온전해진 제자는 선생보다 더 높아질 수 없다는 진리를 압니다.

예수님과 같이 되고, 살고, 행하겠다는 뚜렷한 목적과 바람을 가지고 예수님을 선생으로 두는 것은 참된 신앙의 자세입니다. 이는 그분을 구세주와 돕는 분으로 받아들이는 것보다, 주와 주인으로 아는 것보다 한 단계 더 나아간 것이라 할 수 있지요.

종은 주인의 명령을 충실히 이행해야 합니다. 그리고 주인의 명령을 따르는 동안 종은 생각이 자라나 주인을 닮아가기 시작합니다. 모든 면에서 선생과 같이 되길 바라고 그분의 삶을 온전의 참된 표출로 여기며 그분과 같이 온전하게 되는 것을 목표로 두는 것, 이것이 바로 제자의 됨됨이입니다. **온전한 자는 누구나 자기 선생과 같이 되리라.**

본문은 제자의 모습에 여러 양상이 나타난다는 점을 분명히 암시하고 있습니다. 구약을 보세요. 주님을 온전한 마음으로 섬기는 사람이 있는가 하면 주님 앞에 마음이 온전하지 못했던 사람들도 있었습니다(왕상 11:4, 15:3; 대하 25:2). 마찬가지로 현세대에도 제자들 간에 분명한 차이가 존재합니다. 그리스도를 구세주로만 바라보는 제자들은 선생을 온전히 닮을 수 없습니다. 또한, **선생과 같이 되기를** 또 주와 완전히 하나가 되기를 간절히 원하나 **온전한 마음과 사랑 안에서 온전한 삶**에 관해 읽어도 이해하지 못하는 제자들도 있습니다.

그러나 본문에 담긴 거룩한 의미와 진리를 받아들였던 제자들은 **내가 주 앞에서 온전한 마음으로 행했나이다**라는 히스키야의 고백과 **그분이 그러하심과 같이 우리도 이 세상에서 그러하기 때문이니라**는 요한의 경험을 진정으로 압니다.

독자 여러분, 온전에 관한 성경 말씀을 계속해서 공부해 나갈 때 이번 과에서 배운 원칙을 견지하세요. 예수님의 겸손과 그분이 당한 모욕을 기억하세요. 왕의 권세를 행사하지 않고 봉사하는 영으로 그분과 같이 종이 되어 타인을 위해 기꺼이 생을 바치겠다는 선택. 이것이 참된 온전의 비결입니다. 제자가 자기 선생보다 높지 못하나 **온전한 자는 누구나 자기 선생과 같이 되리라.**

하나님의 온전한 사랑을 우리의 전형으로, 그 사랑이 드러낸 그리스도의 겸손과 수모를 우리의 본이자 귀감으로 삼고 능력으로 우리를 강건하게 하시는 성령님과 함께하세요. 그러면 **온전한 자는 누구나 자기 선생과 같이 되리라**는 말씀의 의미를 이해하게 될 겁니다.

온전한 자는
그리스도를 따르기 위해
가진 전부를 판다

,

예수께서 그에게 말씀하시기를
"네가 온전해지기를 원하면,
가서 네가 가진 것을 팔아
가난한 사람들에게 나누어 주라.
그리하면 하늘에 있는 보물을 가지게 되리니,
그런 후에 와서 나를 따르라."고 하시더라.
(마 19:21)

Day 11

부유하고 젊은 권력가에게 빈곤은 온전에 이르는 길이었습니다. 제자가 자기 선생보다 높지 못하나 **온전한 자는 누구나 자기 선생과 같이 되리라**. 가난은 온전한 선생, 자기 부인을 위한 불가해한 훈련, 하나님이 아들을 온전하게 하기 위해 내린 고난의 일부분이었습니다. 빈곤은 스승이 지상에 있는 동안 그분과 함께하는 자들이 항상 가지게 될 일종의 증표였습니다.

가난에 무슨 의미가 담겨 있을까요? 예수님은 만물의 주인이었습니다. 그분은 이 땅에서 적당한 소유를 누리며 안락한 삶을 살 수 있었을 뿐만 아니라 재산을 갖고, 불리고, 정당화하는 법을 우리에게 가르칠 수도 있었습니다. 대부분의 사람이 가는 평범한 길을 걸을 수도 있었지만, 그분은 가난을 택했습니다. 하나님을 완전히 의지하며 자신을 희생하는 삶, 각종 모욕, 시련, 시험은 그분이 나타내 보일 완전, 고상한 온전의 필수 조건이었습니다.

예수님이 택한 제자들에게 가난은 그분과의 관계를 보여주는 증표이자 그분의 형상과 온전히 일치하기 위한 예비 과정이었고 세상을 이기는 힘의 비결이었으며 하늘의 보물을 얻기 위한 훈련이었고 하늘의 뜻을 완전히 드러내 보이는 일종의 표출이었습니다. 바울의 경우에도 왕의 부름으로 추궁당할 때 가난이 주님과 함께하는 자라는 사실을 보여주는 소중한 수단이었습니다.

이것이 무슨 의미일까요? **온전하라**는 말씀은 가난한 사람뿐만 아니라 부유한 사람에게도 동일하게 주어진 명령입니다. 성경 그 어디에도 재산 소유를 죄라고 말하지 않습니다. 부가 가져올 위험을 경고하고 재산의 남용을 질책하기는 하지만, 부를 금지하는 법을 공포한 적은 없습니다. 그러나 분명히 가난을 온전한 삶에서 얻을 수 있는 최상의 위치라고 말합니다.

이를 이해하기 위해서는 온전이 상대적인 단어라는 사실을 기억해야 합니다. 우리는 다양한 성품과 환경을 무시하라는 명령이나 법을 부여 받은 적이 없습니다. 완전한 자유의 법에 따라 우리는 하나님과 그리스도를 향한 헌신을 각자의 색깔로 무한히 다양하게 나타내 보일 수 있습니다. 은사, 환경, 부르심의 다양성에 따라 상반되는 삶의 길에서 동일한 영이 드러날 수 있지요. 주인의 재산 관리인처럼 정확한 수치로 재사을 관리하고 세상의 상품을 이용하는 데에도 완벽, 온전이 있고 주인처럼 외적인 것들을 추구하는 데에도 온전이 있으며 하늘에 속한 부와 충만을 증거하는 가난에도 온전이 있습니다.

초기 교회 시대 때는 이 말씀, 곧 가난이 온전에 이르는 길이라는 진리가 위대한 능력을 발휘하고 큰 영향력을 행사했습니다. 사람들은 예수님과 사도들의 거룩한 삶에 나타나는 특징 중 하나인 빈곤을 신성한 것으로, 축복으로 여겼습니다. 교회의 영적인 생명이 미약해질수록 영적인 진리는 외적인 의식 속에서 길을 잃었고 예수님의 가난에 동참하는 자세는 자취를 감췄습니다. 자기 의와 카톨릭 체제의 겉치레에 저항하면서도 프로테스탄트 교회는 여전히 선생의 초상이나 그분과 완전한 일치에 이르기 위한 제자들의 교훈에 가난이라는 자리를 두지 못했습니다.

그럼에도 많은 사람이 이 진리를 추구합니다. 사람들이 외적인 것들로 주님과 최대한 가까이 일치하기를 바라고 보이지 않는 분을 증거하는 고상한 능력을 원한다 해도 놀라지 마세요. 우리 주님께서 가난을 찾으신다면 온전의 미학을 견고히 하기 위한 최고의 훈련이자 세속을 초월한 보이지 않는 분을 위해 사람의 마음을 얻는 가장 확실한 방법은 이 말씀을 마음에 두고 사람들에게 전파하는 겁니다. **네가 온전해지기를 원하면, 소유의 전부를 팔라. 그런 후에 와서 나를 따르라.**

이 부르심이 마음에 와닿지 않는다면 보편적으로 적용할 수 있는 더 큰 교훈을 알려드리겠습니다. "전부를 희생하지 않고는 온전해질 수 없다." 지상에서 온전해지기 위해 그리스도는 전부를 포기했습니다. 그분과 같이 된다는 것, 선생과 같이 온전하다는 것은 전부를 포기한다는 뜻입니다. 우리는 세상과 자아를 반드시 버려야 합니다. 네가 온전해지기를 원하면, 소유의 전부를 팔아 가난한 사람들에게 주라. 그런 후에 와서 나를 따르라.

,

그러나 우리가 온전한 자들 가운데서
지혜를 말하노니
(고전 2:6)

형제들아,
내가 너희에게 영적인 사람을 대하는 것처럼 말할 수 없어서
육신적인 사람, 즉 그리스도 안에서
어린 아기들을 대함과 같이 하노라.
너희 가운데 시기와 다툼과 분열이 있으니
어찌 너희가 육신적인 사람이 아니리요?
(고전 3:1,3)

Day 12

　성령님은 고린도 교회 성도들 가운데서 위대한 능력으로 활발히 활동하셨습니다. 그래서 바울은 고린도전서 1장 5절에서 이렇게 말합니다. 이는 너희가 그리스도를 통해 모든 일에 부요해져서 너희가 아무 은사에도 부족함이 없음이라. 그러나 성령의 거룩한 은혜로도 충분하지 못했습니다. 너희 가운데 다툼이 있노라. 형제들아, 너희 가운데 분열이 없게 하여 같은 생각으로 온전히 함께 연합하라. 겸손, 온유, 일치의 영이 부족했습니다. 이 영들이 없이는 개인적으로도, 한 몸으로도 온전해질 수 없었습니다. 이 모든 것 위에 사랑을 더하라. 이것이 온전함의 띠니라. 이 말씀이야말로 그들에게 필요한 명령이었습니다.

　고리도 교회 성도들은 여전히 육신적인 사람들이었습니다. 성령의 선물이 그들 가운데 능력으로 거했으나 성품에 있어서는 예수님을 닮아가지 못했습니다. 새롭게 하며 달콤함을 맛보게 하고 거룩하게 하는 성령의 은혜가 턱없이 부족했지요. 바울이 말하는 지혜는 하늘에 속한 영적인 지혜이자 신비로운 하나님의 지혜이며 하늘에 속한 영적인 생각으로만 깨달을 수 있도록 감추어진 지혜입니다. 우리가 온전한 자들 가운데서 지혜를 말하노니 그는 이들에게 **영적인 사람을 대하는 것처럼** 말할 수 없어서 **육신적인 사람을 대하듯이** 말했습니다. 영적인 일들은 반드시 영적으로 인지해야 합니다. 온전한 자들 가운데 있는 지혜 역시 육신적인 사람이 아닌 영적인 사람만이 받을 수 있지요. 고로, 바울이 말하는 온전한 자들은 영적인 사람들입니다.

그렇다면 누가 영적인 사람일까요? 성령의 선물뿐만 아니라 성령의 은혜를 드러내 보이고 최상의 위치에 이른 사람들입니다. 하나님의 사랑은 온전합니다(마 5:40~46). 그리스도의 겸손은 역시 온전입니다. 자신을 희생하는 그리스도의 사랑, 일상에서 드러나는 그리스도의 겸손, 온유, 친절은 가장 온전한 성령의 열매이자 영적인 사람의 참된 증거입니다. 어떤 사람이 하나님을 섬기는 데 대단히 열심이고 많은 일에 선한 영향력을 행사했는데도 사랑의 저울을 달았을 때 안타깝게도 별 무게가 나가지 않을 수 있습니다. 논란의 중심, 부당한 비평, 급한 성질, 좀처럼 용서하거나 잊지 않는 태도, 성급한 말, **빠른 비판**은 마음이 여린 사람들을 쉽게 상처 냅니다. 이런 자세는 결국 그리스도의 영이 실제적인 지배권이나 소유권을 갖고 있지 못하다는 실태를 보여줍니다. 그러나 영적인 사람은 십자가에 못 박힌 예수님의 고통의 영을 입습니다.

영적인 사람만이 온전한 자들 가운데서 지혜를 말하노니, 이 신비는 감추어졌다가 이제 그의 성도들에게 나타났고 하나님께서 이들에게 이 신비의 영광의 풍요함이 어떠한지를 알리고자 하셨으니 이 신비는 너희 안에 계신 그리스도라는 말씀을 이해할 수 있습니다. 그리스도인 교사 중에서도 놀라운 통찰력과 지혜뿐만 아니라 진리를 밝히고 활기를 돋우며 타인을 돕는 능력을 갖췄다고 해도 여전히 육신적이어서 그리스도의 신비를 깨닫지 못한 사람이 있을 수 있습니다. 육신적인 모든 것들에서 해방될 수 있는지, 예수님의 겸손을 닮아갈 수 있는지, 성령 충만해질 수 있는지 묻고 답을 얻어 우리 자신을 성령의 능력에 온전히 드릴 때 그리스도인은 온전한 자들 가운데 있는 지혜에 참여할 수 있습니다. 학자나 교사일지라도 예외는 없지요.

하나님의 생각을 알려면 그리스도의 생각을 알아야 합니다. 그리고 그리스도의 생각이란 그분께서 자신을 낮추고 죽음에까지 순종하셨다는 겁니다. 이러한 겸손은 하나님의 보좌에 오르기 위한 조건이자 능력이었습니다. 이러한 생각이 우리 안에 있어야 감추어진 하나님의 지혜가 능력으로 나타날 수 있습니다. 이것이 바로 영적인 사람이자 온전한 사람의 증거입니다.

하나님께서는 온전한 자들의 수를 늘리십니다. 그리고 그 목적을 달성하기 위해 온전한 자들 가운데 지혜를 말하는 자들이 신비에 싸인 하나님의 지혜도 말하게 될 겁니다. 육신적인 사람과 영적인 사람, 어린 아기와 온전한 사람 간의 차이가 교회에서 더 많이 드러날수록 영적인 삶과 영적인 통찰력의 상호관계가 더욱 분명해지며 온전을 향한 부르심이 새로운 힘과 의미를 얻을 겁니다. 그리고 책망과 수치의 원인이 되는 자들은 또다시 온전한 자들 가운데 서지 못하게 될 겁니다.

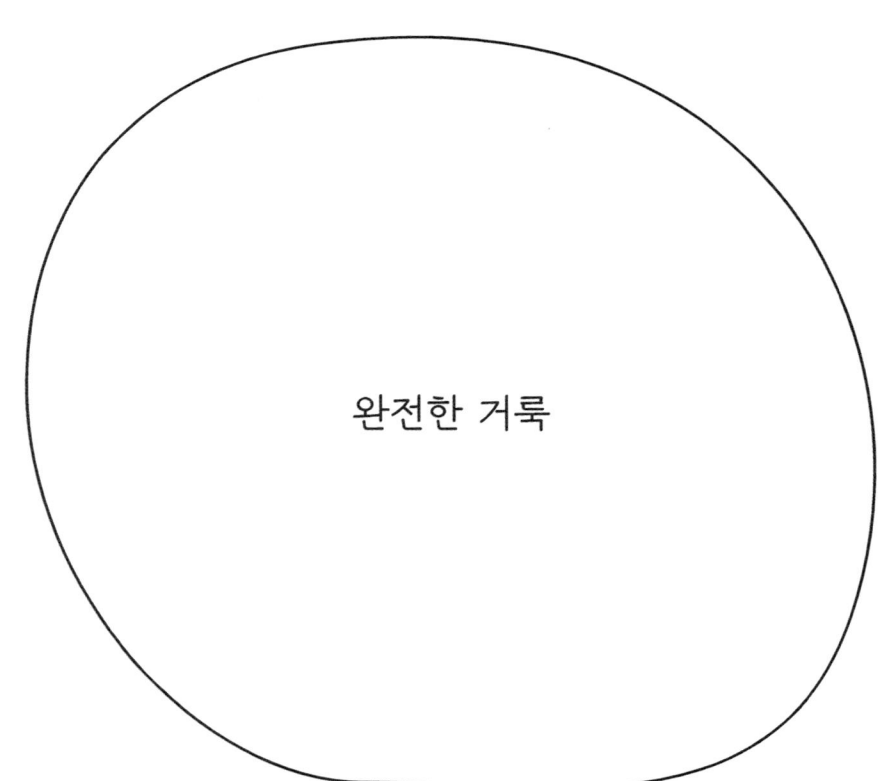

,

그러므로 참으로 사랑하는 자들아,
우리가 이러한 약속들을 가졌으니
하나님을 두려워함으로 거룩함을 온전히 이루어
육과 영의 모든 더러움에서 우리 자신을 깨끗하게 하자.
(고후 7:1)

Day 13

　본문은 온전의 중요한 부분 중 하나를 통찰하고 "어디에서 우리가 온전해져야 하는가?"에 대한 질문에 답을 내놓습니다. 우리는 거룩에 있어 온전해야 합니다. 바꿔 말하면 온전히 거룩해야 한다는 뜻이지요. 본문은 **온전하라**는 아버지의 말씀을 설명하고 있습니다.

　우리는 "거룩하다"가 어떤 의미인지 알고 있습니다. 하나님만이 거룩하며 그분은 자신을 가리켜 거룩하다고 말씀하십니다. 성별, 정화, 분리는 거룩함에 이르기 위한 예비 단계일 뿐 그 자체로 거룩한 건 아닙니다. 성전 역시 하나님이 거하시기 때문에 거룩했던 겁니다. 애초에 하나님께 거룩한 것을 드린 게 아니라 그분이 거룩한 것으로 인정하고 받아 주셨던 거지요. 즉, 하나님께서 소유하고 관계를 맺으며 사용하시면 우리는 그것을 거룩하다고 말합니다. **나는 너를 거룩하게 하는 주니라**. 이 말씀은 이스라엘 백성을 향한 하나님의 약속이었습니다. 그리고 이 약속의 기저에는 **거룩하라는** 명령이 깔려있습니다. 하나님께서 이스라엘을 자기 백성으로 삼으셨기 때문에 그들은 거룩한 백성이 되었습니다. 그리고 그들은 **거룩하라는** 명령을 지키고자 하나님의 거룩함에 들어가 그분의 뜻에 순종하고 그분과 교제하며 그분을 섬겼습니다.

그리스도인도 마찬가지입니다. 우리는 그리스도 안에서 거룩해졌습니다. 우리는 성자이자 거룩한 사람들입니다. 우리는 모두 부르심을 받았습니다. 고로, 거룩함을 따라 완전한 신성에 이르러야 할 뿐만 아니라 우리를 온전히 성결하게 하시는 하나님께 자신을 드려야 합니다. 독자 여러분, 하나님께서 우리를 거룩한 사람으로 만들기 위해 하신 일과 우리를 온전히 성결하게 하기 위해 맺은 약속을 알아야 합니다. 그러면 그 지식이 온전한 신성을 위한 용기를 줄 겁니다.

그러므로 참으로 사랑하는 자들아, 우리가 이러한 약속들을 가졌으니 거룩함을 온전히 이루자. 무슨 약속을 말하는 걸까요? 이 약속은 6장에 등장합니다. **내가 그들 가운데서 살 것이라. 나는 그들의 하나님이 되리라. 내가 너희를 영접할 것이라. 내가 너희에게 아버지가 되리라.** 하나님께서 성전을 받아주시고 그 안에 사셨기 때문에 성전은 거룩했습니다. 우리도 그분께서 우리 안에 거하시기 때문에 거룩한 겁니다. 이러한 진리는 우리에게 온전한 신성을 향한 동기가 될 뿐만 아니라 우리 자신을 그분께 온전히 드릴 힘과 용기를 줍니다. 위 약속처럼 하나님께서는 우리의 아버지가 되시고 우리는 그분의 자녀가 되며 그분의 아들이 우리 안에 거하고 우리로 그리스도와 일치하게 합니다. 이 약속은 온전한 신성을 이룰 수 있다는 확신을 주고 또 그 약속의 성취를 보여줄 겁니다. 그러므로 참으로 사랑하는 자들아, 우리가 이러한 약속들을 가졌으니 거룩함을 온전히 이루자. 그렇습니다. 우리는 약속을 알고 그에 따라 살며 끊임없이 주장함으로써 거룩함을 온전히 이루어야 합니다.

영적인 삶을 온전히 거룩하게 하는, 그 성장의 비결이 바로 위와 같은 믿음에 있습니다. 그러나 이러한 성장을 방해하고 가로막는 장애물이 있습니다. 성장을 가로막는 장애물은 반드시 경계하고 제거해야 합니다. 우리가 이러한 약속들을 가졌으니 하나님을 두려워함으로 거룩함을 온전히 이루어 육과 영의 모든 더러움에서 우리 자신을 깨끗하게 하자. 외적으로나 내적으로나, 행동에서나 기질에서나, 육으로나 영으로나 더러운 것들은 전부 깨끗이 버려야 합니다. 보혈로, 말씀으로, 칼이나 불로, 무엇이 되었든 간에 수단을 가리지 말고 깨끗이 제거해야 합니다. 주님을 두려워하는 마음으로 모든 죄를 단절하고 내려놓아야 합니다. 몸, 혼, 영을 온전히 지켜 어떠한 흠도 허용하지 말아야 합니다. 더러운 모든 것들에서 우리 자신을 깨끗이 한다면 거룩한 영이 하나님의 성전을 그분의 거룩한 임재와 능력으로 가득 채워 거룩함을 온전히 이루게 될 겁니다.

사랑하는 자들아, 우리가 이러한 약속들을 가졌으니 거룩함을 온전히 이루자. 온전히 거룩하라! 온전한 신성에 관한 하나님의 약속, 바람, 믿음에 자신을 드리세요. 어린아이같이 온전한 마음으로 시작해서 온전한 길로 나아가고 온전한 구세주를 붙잡아 모든 길에서, 역사에서 온전하신 하나님과 동행하세요. 두려워 말고 하나님의 명령을 우리의 기도로 삼고 그분께 나아가세요. "오 나의 주님! 주님께서는 온전한 신성의 참된 의미를 아십니다. 그러니 주의 지식을 따라가면 그 의미를 알게 되리라 확신합니다. 주님, 저는 온전한 거룩에 이르라고 부르심을 받았습니다. 이를 위해 주께 나아가오니 이 땅에서 구속하신 죄인들과 같이 온전히 거룩하게 해주세요."

다음과 같은 다짐을 매일 기도로, 자세로 견지하세요. "나는 하나님 앞에 온전한 마음으로 행하며 그리스도 예수 안에서 온전하고 온전한 신성의 길을 걷겠다. 은혜만큼이나 온전을 중요시하겠다. **온전한 거룩을 성령의 능력 안에서 나의 목표로 삼겠다.**"

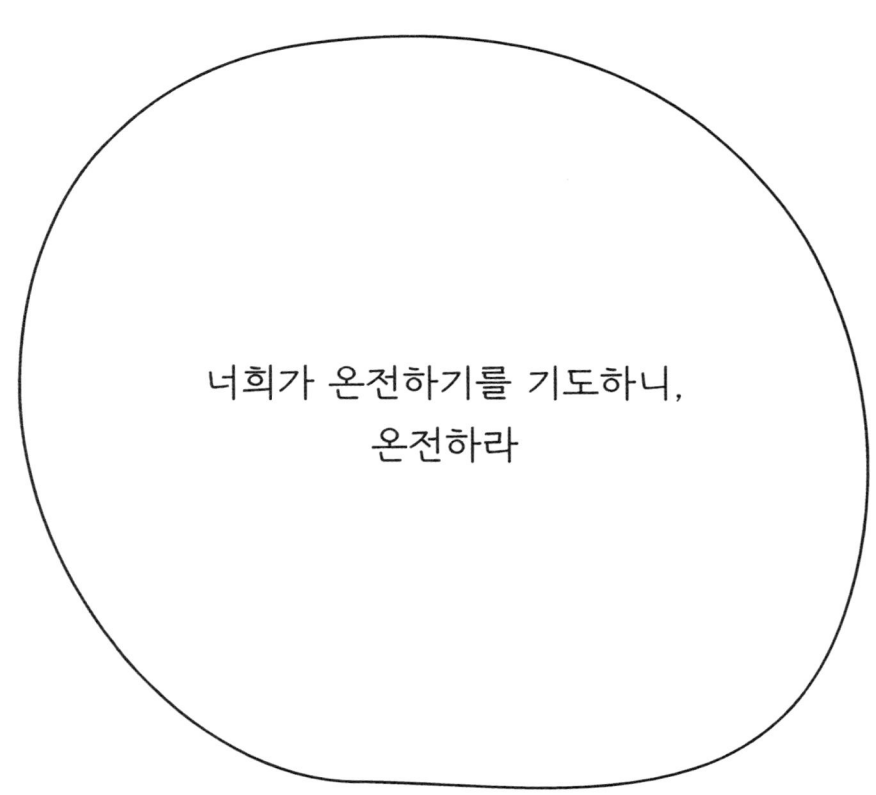

너희가 온전하기를 기도하니,
온전하라

,

너희의 온전함을 위하여 우리가 기도하는 바라...
형제들아, 마지막으로 말하노니 기뻐하라.
온전하게 되라. 위로를 받으라.
한 마음을 품으라. 평안히 지내라.
그리하면 사랑과 화평의 하나님께서 너희와 함께 계시리라.
(고후 13:9,11)

Day 14

본문에서 "온전하다"는 말은 온전할 때 나오는 바른 모습 또 온전하다면 어떠해야 하는지를 보여주고 있습니다. 마치 그물을 손질해서 정상적인 상태로 복구하거나 배에 설치하는 것과 같지요. 그리고 이러한 작업에는 두 가지 일, 곧 아직까지 고쳐지지 않은 잘못된 것들을 모두 제거하고 부족한 부분을 채우는 일이 반드시 수반되어야 합니다.

바울은 본문의 두 구절에서 같은 단어를 사용합니다. 우선, 고린도 사람들을 위해 하나님께 기도할 때 모든 은혜와 축복을 요약한 하나의 표현으로 사용합니다. **너희의 온전함을 위하여 우리가 기도하는 바라**. 즉, 이 단어 하나에 바울의 마음, 곧 육신적이고 잘못된 모든 것들에서 완전히 자유로워질 뿐만 아니라 하나님께 속한 모든 것을 소유하고 드러내기를 바라는 마음이 집약된 거지요. 또 하나는 고린도 성도들과 작별하면서 그들을 향한 하나님의 목적을 하나의 단어로 요약할 때 사용합니다. 마지막으로 말하노니 **기뻐하라. 온전하게 되라**. 이 뒤에는 그리스도인의 삶에 본으로 두고 솔선수범해야 하며 매일 목표로 삼고 매일 경험해야 할 세 가지 문장이 나옵니다. **위로를 받으라. 한 마음을 품으라. 평안히 지내라**. 사랑과 화평의 하나님이 우리와 함께하신다면 우리는 성령의 위로, 사랑의 연합, 완전한 화평과 더불어 매 순간 온전해야 합니다. 그리고 그것이 우리의 특권이자 의무입니다. 고린도전후서에 걸친 모든 가르침은 이 한 가지 명령으로 끝을 맺습니다. **기뻐하라. 온전하게 되라**.

이 문장은 목자의 설교와 기도가 어떠해야 하는지, 그가 어디에 마음을 두어야 하는지를 보여줍니다. 우리는 바울을 마땅히 따라야 할 목자상으로 삼습니다. 모든 목사가 바울과 같아진다면 성도들은 바울이 내쉬는 마음의 숨이 무엇을 담고 있는지 알게 될 겁니다. 바로 여러분의 온전이지요. 우리는 그의 가르침이 가리키는 한 가지 목표를 알아야 합니다. **온전하게 되라!**

목자들이 이 명령을 하나님의 교회가 해야 할 최우선으로 구하고자 한다면 우선, 교회에 만연한 저급한 생각과 자세를 면밀히 살피고 수면 위로 끄집어내야 합니다. 어떤 사람들은 완벽주의, 완전주의가 수많은 사람을 파괴했다고 말합니다. 그러나 분명한 사실은 불완전주의가 그보다 더 많은 사람을 쓰러뜨렸다는 겁니다. 많은 사람이 "온전한 사람은 없고 불완전한 것이 위험하지만은 않다"라는 생각으로 세속적인 삶, 죄의 삶을 합리화합니다. 참된 그리스도인 중에서도 온전에 관한 진리, 곧 하나님을 온전한 마음으로 섬길 수 있으며 온전한 마음이 완전에 이르는 길의 비결이라는 것을 깨닫지 못해 성장하지 못하는 경우가 많습니다. 하나님께서는 우리에게 **온전하라**고 명하실 뿐만 아니라 그분을 두려워함으로 온전한 신성을 이루며 그리스도 예수 안에서 온전한 삶을 살고 하나님의 모든 뜻 가운데 온전히 서라고 하셨습니다. 목자는 믿음, 곧 모든 가르침이 **온전하게 되라**는 문장으로 귀결되며 이 영감을 매일 받고 살아야 한다는 믿음이 교회 안에서 살아 숨 쉴 때까지 이 진리를 전파해야 합니다.

목자들이 자신을 **온전하라**는 하나님의 뜻의 전달자로 여긴다면 무엇보다도 성령의 가르침이 가장 중요하다는 걸 체감할 뿐만 아니라 종교는 하나님께 모든 걸 내어 드려야 한다는 진리를 깨닫고 설교하게 될 겁니다. 또한, 그분의 뜻을 따르고 그분의 영광에 충실한 삶을 살며 그분께 온전히 헌신하고 은혜 안에 사는 것이 의무의 유일한 규범이자 기대의 척도가 될 겁니다. 이에 더해 **온전하게 되라**!는 명령이 마음과 삶의 전부를, 모든 힘을 요구할 겁니다. 혼이 매일 "아버지! 오늘 내 마음이 아버지 앞에 온전하기를 원합니다. 아버지 앞에서 행하고 온전해지기를 원합니다."라고 고백하는 법을 배우면 그리스도 안에 산다는 말씀의 의미와 필요를 더 잘 이해하게 되고 그리스도의 능력과 사랑에 더해 귀중한 의미가 새롭게 생길 겁니다. 독자 여러분, 하나님은 자신을 온전히 드린 혼과 교회를 위해 자신이 무엇을 하실 수 있는지 증명해 보이시는 분입니다.

목자 여러분, 복음 전파자 여러분, 교회에 성령의 가르침을 전파하세요. 너희의 온전함을 위하여 우리가 기도하는 바라. 형제들아, 마지막으로 말하노니 온전하게 되라!

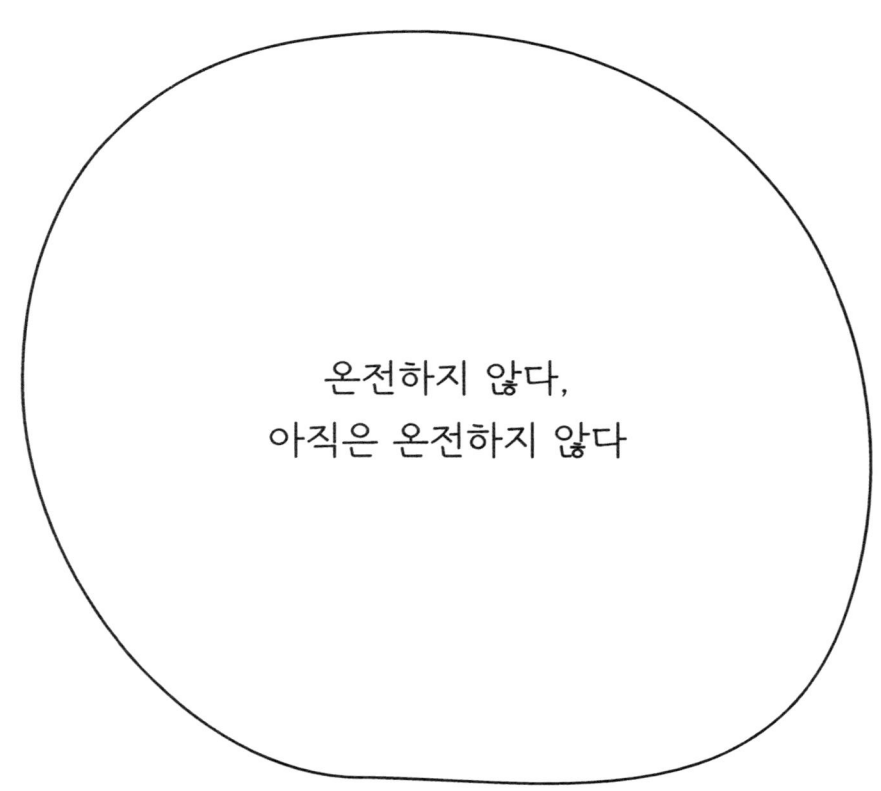

온전하지 않다,
아직은 온전하지 않다

,

내가 이미 이르렀다 함도 아니요,
이미 온전해졌다 함도 아니라.
다만 나는 붙잡으려고 좇아갈 뿐이라.
다만 한 가지 일,
즉 뒤에 있는 것은 잊어버리고
앞에 있는 것들에 손을 뻗칠 뿐이라.
그러므로 누구든지 온전한 사람들은
이같이 생각할지니라.
(빌 3:12~15)

Day 15

온전에는 정도가 있습니다. 온전하다, 더 온전하다, 가장 온전하다. 우리는 온전해졌고 온전해지기를 기다리고 있습니다. 모두 우리 주 예수님께 달렸지요. 히브리서에서는 주님께서 온전하셨으며 또 온전하게 하셨다고 세 번 말합니다. 그분께는 불완전의 희미한 그림자조차 없습니다. 그분은 생의 모든 순간에서 온전하셨습니다. 그럼에도 주님은 온전해지셔야 했고 하나님은 이를 위해 시련을 허락했으며 그분은 기꺼이 순종했습니다. 그분이 시험을 이기고, 하나님께 순종하고, 하나님의 뜻을 위해 많은 눈물을 쏟으며 그분의 뜻을 포기했을 때 그분의 인간적인 본성은 온전해졌고 마침내 **영원히 온전한 아들**, 대제사장의 자리에 올랐습니다. 예수님은 지상에서 사는 동안 온전하셨지만, 아직 온전하지 않으셨던 거지요.

온전한 제자는 그의 선생과 같이 될 겁니다. 그분에 관한 진리는 진실이며 우리에 관한 진리 역시 마찬가지입니다. 바울은 고린도 성도들에게 온전한 자들 가운데서 지혜를 말하는 것에 관해 편지했지만, 육신적인 고린도 성도들은 이 지혜를 이해할 수 없었습니다. 본문에서 바울은 자신을 온전한 사람과 동일시하면서 빌립보 성도들이 그와 같은 생각을 품기를 바라고 있습니다. 그는 거리낌 없이 자신과 다른 사람을 가리켜 온전하다고 또 온전한 자들에 관해서 아직은 온전하지 않으며 더욱, 완전히 온전해져야 한다고 말합니다.

그렇다면 아직 완전하지 않은 온전은 무엇일까요? 온전한 사람들은 누구일까요? 최상의 온전에 이르기를 원하고 자신의 온 마음과 생의 전부를 바친 사람이 바로 하나님이 보시기에 온전한 사람입니다. **천국은 씨앗과 같다**. 하나님의 뜻, 그 전부가 되고자 하는 마음에서 하나님은 온전의 거룩한 씨앗을 보십니다. 그리고 믿음을 의로 여기신 것처럼 이 마음을 온전의 초기 단계라 여기십니다. 하나님은 온전한 마음을 가진 사람이라면 불완전한 열매에도 불구하고 온전한 사람으로 받아 주십니다. 바울은 교회를 온전하다고 간주했기 때문에 주저하지 않고 이렇게 말합니다. **누구든지 온전한 사람들은 이같이 생각할지니라**.

우리는 이전 과에서 바울이 어떻게 고린도 사람들을 두 부류로 나누었는지 살펴보았습니다. 하나는 다수를 차지하고 있던 육신적인 사람들이었습니다. 이들은 교회 안에서 각종 불화를 일으

컸지요. 또 다른 하나는 영적인 사람들, 온전한 사람들이었습니다. 현대 교회에서는 수많은 그리스도인이 **온전하라**는 부르심에 관해 전혀 알지 못합니다. 심히 염려스러운 일이지요. 이들은 **온전하라**는 명령을 충만한 은혜와 신성, 하나님의 능력, 신앙의 의무라고 조금도 생각하지 않습니다. 거룩함을 추구하는 사람들조차도 하나님의 명령, 곧 **온전하라**는 말씀의 목적과 끝내 그 약속을 이룰 충만한 은혜를 이해하지 못할 뿐만 아니라 심지어 믿지 않는 경우도 있습니다. 기도해도 응답받지 못할 거라고 생각하는 거지요. 사실상 이들은 누구든지 **온전한 사람들은 이같이 생각할지니라**는 바울의 초대장을 받아들이지 않은 겁니다.

그러나 감사하게도 모든 그리스도인이 그런 건 아닙니다. **온전하라**는 명령에 담긴 의미를 잊지 않고 신성한 의무로 여기며 순종하는 성도들이 꾸준히 늘어나고 있습니다. 이들에게는 **온전하라**는 그리스도의 말씀이 그리스도께서 주실, 역사하실 계시이자 그분의 가르침과 인도가 따를 축복의 약속입니다. 이러한 그리스도인들은 바울이 추구했던 같은 생각의 띠 안에서 연합하여 온 마음으로 하나님을 구하고 온전한 마음으로 하나님을 섬기며 선생과 같이 **온전하라**는 명령을 생의 목표로 삼습니다.

독자 여러분! **온전하라**고 명령하신 하나님께서 여러분 안에 거하십니다. 그리스도 예수는 여러분이 이 명령에 순종할 수 있도록 자신을 주셨습니다. 그러니 하나님의 종의 부르심을 외면하지 말고 이 부르심에 참여한 자들과 함께하세요. **누구든지 온전한 사람들은 이같이 생각할지니라.** 두려워 말고 하나님 앞에 서세요. 마음이 온전한 사람들 가운데서 바울과 함께하세요. 그러면 혼의 만족을 얻을 뿐만 아니라 어떻게 온전한데 아직 온전하지 않을 수 있는지, 그리스도 예수 안에서 하나님의 고귀한 부르심의 상을 위해 온전의 푯대를 좇아갈 때 어떻게 모든 것을 손실로 여길 수 있는지 배우게 될 겁니다.

16

온전하지만,
아직 온전해지지 못했다

,

내가 이미 이르렀다 함도 아니요,
이미 온전하여졌다 함도 아니라.
다만 나는 붙잡으려고 좇아갈 뿐이라.
다만 한 가지 일,
즉 뒤에 있는 것은 잊어버리고
앞에 있는 것들에 손을 뻗칠 뿐이라.
그러므로 누구든지 온전한 사람들은
이같이 생각할지니라.
(빌 3:12~15)

Day 16

 바울 안에 또 그와 같은 생각을 가진 모두 안에 놓여 있는 온전의 푯대는 아직 온전하지 않기를 바라는 강렬한 열망입니다. 참으로 모순처럼 보이는 푯대이지요. 그럼에도 우리의 스승은 우리가 하는 말이 진리임을 입증하십니다. 온전하다는 자각은 아직 온전하지 않기 위해 삶을 바치는 것과 완벽한 조화를 이룹니다. 이에 관해서는 그리스도도, 바울도 동일했습니다. 우리 역시 마음을 완전히 열어 하나님의 말씀을 받아들이고 따르면 같은 생각을 품게 될 겁니다. 대부분 더 불완전한 사람일수록 온전할 필요를 더 많이 느낄 거라고 생각합니다. 그러나 인생의 경험을 미루어 봤을 때 정반대의 결과를 마주하게 됩니다. 온전에 가까이 이른 사람은 아직 온전하지 않다는, 이 푯대의 필요성을 누구보다도 잘 알며 이를 위해 기꺼이 희생할 준비가 되어 있습니다. 온전의 푯대를 위해 실제로 모든 것을 손실로 여기는 것이 바로 온전이 마음을 지배했다는 가장 확실한 증거입니다. 성도들이 온전한 마음으로 더 열렬히 하나님을 구할수록 더 자주 바울처럼 고백하게 될 겁니다. **내가 이미 이르렀다 함도 아니요, 이미 온전해졌다 함도 아니라.**

그렇다면 바울이 그토록 바랐던 온전은 어디에 있었던 걸까요? 편견이나 선입견은 잠시 접어두고 본문의 아름다운 구절을 주의 깊게 읽어보세요. 그러면 바울이 완전히 해방되기를 바랐던 죄나 죄악, 또 그로 인한 불완전에 관해서는 일절 언급하지 않는다는 걸 발견하게 될 겁니다. 본문에서 바울은 죄로 인한 불완전에 관해 생각하고 있지 않습니다. 그와 관련된 가르침은 다른 책에 있지요. 온전한 제자는 그의 선생과 같습니다. 본문에서 바울은 자신의 삶과 업적에 관해 말하면서 목표에 도달해 상을 얻기 전까지는 온전해지지 못한 거라고 생각합니다. 그래서 이를 위해 계속해서 나아가고 있다고 말하지요. 그의 경주가 과정을 포함한 모든 면에서 온전했을 수도 있습니다. 그럼에도 더욱더 온전해져야 했습니다. 이러한 온전의 차이는 실패나 결핍이 아니라 아직 끝나지 않은, 완전한 끝을 기다리는 겁니다. 그래서 바울은 그리스도를 얻었으나 그분의 전부를 얻은 것은 아니라고 말합니다. 그는 그리스도를 알았고 얻었으며 그분 안에서 발견되었고 그분께 붙들렸습니다. 그럼에도 그는 이러한 모든 것, 즉 그리스도를 알고, 얻고 그분 안에서 발견되고 그분께 붙들리는 온전의 푯대를 온 힘을 다해 좇는다고 말합니다. 어떻게 해서든지 죽은 자들의 부활에 이르려는 것이라. 상과 목적지를 향해 좇아갈 뿐이라. 이것이 바로 바울의 고백입니다. 내가 이미 이르렀다 함도 아니요, 이미 온전해졌다 함도 아니라. 누구든지 온전한 사람들은 이같이 생각할지니라.

바울은 그리스도를 오랫동안 알았지만, 그분 안에 있는 부와 보화는 그의 생각보다 더 위대했습니다. 그리고 부활이 가져올 최종적인 소유, 영원하고 충만한 은혜만이 그를 만족시킬 수 있었지요. 이를 위해 그는 모든 것을 손실로 여겼고 뒤에 있는 것을 잊어버렸으며 목적지와 상을 좇았습니다. 그는 진정으로 온전한 영이 무엇인지 우리에게 가르쳐주었습니다. 자신이 하나님 앞에 온전하다는 것을 아는 사람, 자신이 아직 온전하지 않다는 것을 아는 사람, 온전에 이르기 위해 모든 것을 손실로 여길 줄 아는 사람이야말로 온전한 사람입니다.

그리스도인 여러분, 본문에서 온전한 사람의 특징뿐만 아니라 온전에 이르기 위한 대가가 무엇인지 배우세요. 우리의 스승은 영원히 온전하기 위해 자신의 생명을 드렸습니다. 바울도 자신의 생을 바쳤습니다. 온전을 추구하고 주장하는 건 중요한 일입니다. 알다시피 "귀한 진주"는 비싼 법입니다. 이를 위해 모든 것을 반드시 손실로 여겨야 하지요. 바라건대, 온전한 사람의 명단에 여러분의 이름을 올리세요. 주님께 여러분의 이름을 적어달라고 간청하고 복된 성령의 증거로 온전한 마음을 달라고 구하세요. 여러분이 바울처럼 온전하기를 또 온전한 삶을 살기를 원한다면 그분과 같이 온전해지기를, 그분을 붙잡기를, 그분께 붙들리기를 바라며 하나님께 온 마음을 드리고 예수님을 위해 모든 것을 손실로 여겨야 합니다.

    아버지 하나님! 기쁨으로 자녀들의 눈을 열어주셔서 아버지가 바라는 온전한 마음이 무엇인지, 그리스도 안에 있는 온전, 곧 어떤 값을 치르더라도 구해야 하는 온전이 무엇인지 보게 해주시기를 간구합니다.

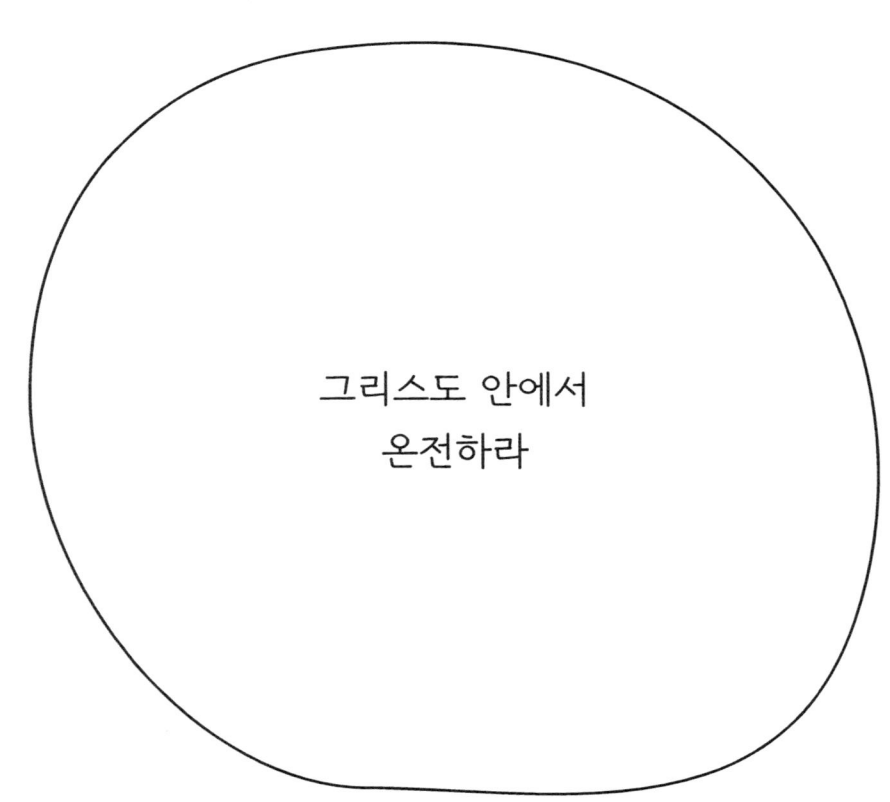

그리스도 안에서
온전하라

,

이 신비는 너희 안에 계신 그리스도시요,
곧 영광의 소망이라.
우리가 그를 전파하고, 각 사람을 훈계하며
모든 지혜로 각 사람을 가르침은
각 사람을 그리스도 예수 안에서
온전하게 제시하려는 것이라.
이를 위하여
나도 내 속에서 능력으로 역사하시는
그 분의 역사를 따라
수고하며 애쓰노라.
(골 1:27~29)

그리스도 안에서 온전하라. 온전에 관한 말씀을 배워나갈 때 본문은 우리의 의문을 제거하고 확신과 소망을 줍니다. 본문은 우리가 지금껏 살펴보았던 하나님의 부르심과 명령, 그리스도의 은혜와 능력과 연결됩니다. **그리스도 안에서 온전하라.** 바로 여기에 온전한 삶을 여는 관문이 있습니다. 이 말씀의 의미를 온전히 아는 사람은 온전한 삶으로 들어가는 문을 발견하게 될 겁니다.

우리는 **그리스도 안에서 온전하라**는 진리의 세 가지 면을 살펴보아야 합니다. 우선, 우리의 머리이신 그리스도 안에서 우리를 위해 예비된 온전이 있습니다. 두 번째 아담인 그리스도는 그분의 몸을 구성할 모든 성도를 위해 새로운 본성을 낳으셨습니다. 이 본성은 시련과 순종을 통해 온전해진 그분의 삶입니다. 고로, 그분이 온전하기 때문에 그분 안에서 성결하게 된 자들도 영원히 온전하게 하십니다. 그분의 완전, 온전한 삶은 우리의 것입니다. 우리는 하나님의 법을 통해 영적인 실체로서 그분과 살아 있는 연합을 이루었습니다. 바울은 골로새서에서 이렇게 말합니다. **너희도 그의 안에서 온전하게 되느니라.** 여러분이 이루어야 할 모든 것이 이미 성취되었기에 여러분은 그분 안에서 충만해졌습니다. 우리는 그분 안에서 할례를 받고 그분과 함께 묻혔다가 일으켜졌으며 새로운 생명을 얻었습니다. 그리스도의 모든 구성원은 그분 안에 있으며 그분 안에서 충만해졌습니다.

두 번째는 그리스도 안에서 성령을 통해 우리에게 전달된 온전입니다. 새로 태어났을 때 우리 안에 심겨진 삶은 온전한 삶입니다. 씨앗이 나무의 모든 생명을 담고 있듯, 우리 안에 있는 하나님의 씨앗도 그리스도의 온전한 삶을 담고 있기에 점점 자라나서 우리의 삶을 채우고 온전이라는 열매를 맺습니다.

마지막은 성령을 통해 우리 안에 역사하는 온전입니다. 믿음의 순종을 통해 우리의 것이 되고 우리의 삶과 행동에 나타나는 온전이지요. 우리의 믿음이 앞선 두 가지 진리를 붙잡을 뿐만 아니라 온전한 삶을 완전히 이해하고 일상생활에 녹여내기 위해 하나님께 순종하면 그리스도 안에 있는 온전이 순간마다 실제 경험과 실체로 나타나게 될 겁니다. 온전한 마음, 온전한 길, 아버지와 같은 온전, 선생과 같은 온전을 가르치는 모든 말씀은 새로운 의미와 새로운 생명의 빛으로 날마다 광채가 납니다. 살아계신 그리스도는 우리의 온전이며 이를 위해 우리 안에서 매 순간 살아 계십니다. 우리의 기대는 무한한 예수님의 사랑과 영원한 생명의 능력으로부터 나옵니다. 그리스도 안에서 온전하세요. 그러면 육신을 입고 살아가는 동안 사람과 돈, 걱정과 시험을 마주할 때 그리스도 안에 있는 온전이 한낱 생각에 불과한 게 아니라 전능한 하나님의 능력 안에서 문자 그대로의 진리라는 사실을 입증받을 겁니다.

본문에서 바울은 우리가 마지막에 살펴본 온전을 말하고 있습니다. 각 사람을 훈계하며 모든 지혜로 각 사람을 가르침은 각 사람을 그리스도 예수 안에서 온전하게 제시하려는 것이라. 바울은 훈계와 가르침을 일상생활 속에 드러나는 온전의 예시로 언급하고 있습니다. 이론상으로 보면 그리스도인들은 그리스도 안에서 온전해졌고 실제로도 온전하게 될 겁니다. 복음 전파의 목적은 각 사람을 그리스도 예수 안에서 온전하게 제시할 뿐만 아니라 어떻게 주 예수님을 옷 입었는지, 그분의 생명이 그들을 주관하고 또 그들 안에 그분의 생명이 있다는 진리를 가르치는 겁니다.

얼마나 중요한 일인가요! 목자가 교회의 상태를 봤을 때는 가망이 없어 보일 수도 있습니다. 그러나 **이를 위하여**, 곧 각 사람을 그리스도 예수 안에서 온전하게 제시하기 위해 바울처럼 수고하고 애쓴다면 무한한 가능성이 있는 과업임이 분명합니다. **이를 위하여 나도 내 속에서 능력으로 역사하시는 그분의 역사를 따**

라 수고하며 애쓰노라. 높은 목표이긴 하지만, 능력은 확실합니다. 목자 여러분, 마음을 다해 바울의 목표를 여러분의 것으로 삼으세요. 주님께서는 바울의 힘을 내 속에서 능력으로 역사하시는 그분의 역사로 인정하십니다.

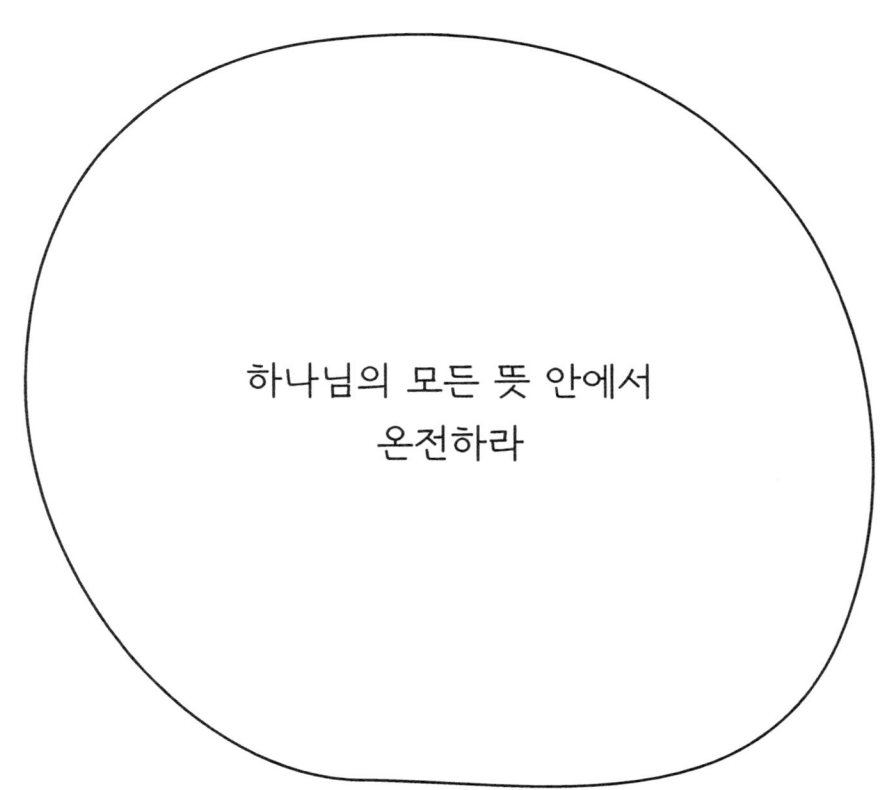

하나님의 모든 뜻 안에서
온전하라

,

너희 가운데 한 사람이요,
그리스도의 종인 에바브라가 너희에게 문안하노라.
그는 항상 너희를 위하여 열렬히 기도하니
이는 너희가 하나님의 모든 뜻 안에서
완전하고 온전하게 서도록 하기 위함이라.
(골 4:12)

Day 18

　다른 책과 마찬가지로 골로새서도 그리스도 안에서, 하늘에서 사는 삶과 이 땅에서 사람과 함께 사는 삶을 모두 언급합니다. 성경의 가르침은 매우 영적이고 초자연적이면서도 동시에 매우 인간적이고 실제적입니다. 특히, 골로새서는 이러한 면을 매우 잘 보여주고 있지요. 1장에서 바울은 골로새 성도들에게 자신이 무엇을 위해 수고하는지 말했다면, 4장에서는 에파프라가 그들을 위해 기도하고 있다고 말합니다. 즉, 바울은 그들을 그리스도 예수 안에서 온전하게 하기 위해 사역에 수고하고 있었다면, 에파프라는 그들을 하나님의 모든 뜻 안에서 온전하게 하기 위해 기도에 수고하고 있었던 거지요.

　먼저 우리는 **그리스도 예수 안에서 온전해졌습니다**. 이 진리는 우리의 머리로 전부 이해할 수 없으며 초자연적이고 신성합니다. 단번에 우리를 그리스도와 셋째 하늘로 데려다 놓지요. 이제는 **하나님의 모든 뜻 안에서 온전해질 차례입니다.** 이 말씀은 우리를 지상으로, 일상생활로 내려다 놓고는 하나님의 뜻 아래 모든 것을 두라고, 모든 행실과 성품에 있어 하나님의 뜻 안에서 살라고 명령합니다.

이는 너희가 하나님의 모든 뜻 안에서 온전하게 서도록 하기 위함이라. 창조물의 온전은 창조주의 뜻을 행하는 데 있습니다. 하나님의 뜻은 거룩한 온전의 표출입니다. 자연은 하나님의 뜻을 드러내 보임으로써 각자의 아름다움과 영광을 소유합니다. 천사들은 하나님의 뜻을 행함으로써 하늘에서 각자의 자리와 행복을 누립니다. 하나님의 아들은 하나님의 뜻에 자신을 내려놓는 순종을 배움으로써 온전해졌습니다. 그분은 우리에게 복된 위치와 피난처를 주려는 하나님의 뜻을 위해 우리를 구원하셨습니다. 에파프라의 기도는 그가 선생이신 그리스도의 영을 받았다는 사실을 보여줍니다. 그는 골로새 성도들이 하나님의 뜻 안에 서게 해달라고, 하나님의 뜻 안에 있지 않은 삶이 있다면 그 삶이 하나님의 모든 뜻 안에 있게 해달라고, 매 순간 하나님의 모든 뜻 안에서 온전할 뿐만 아니라 온전한 마음으로 온전한 길을 걷게 해달라고 기도합니다. **하나님의 모든 뜻 안에서 온전하라.** 이것이 그의 간구이자 기도였습니다.

바울은 골로새 사람들이 모든 **지혜와 영적 지각 안에서 그분의 뜻을 아는 지식으로 충만케 되기**를 기도했습니다. 이 두 하나님의 종들은 하나의 생각을 품고 있었습니다. 하나님의 뜻을 아는 지식은 불완전하기 때문에 그 뜻에 관한 하나님의 가르침을 간구해야 합니다. 그리고 이 점 때문에 하나님의 모든 뜻 안에서 온전히 서야 하는 거지요. 특히 어린 성도들은 이 점을 잘 기억해야 합니다.

온전을 따르는 여러분, 바울과 같은 생각을 가진 여러분, 본문의 교훈을 명심하세요. 성령의 인장을 받은 성결을 기뻐하고 전력으로 목표를 향해 달리며 온전한 마음으로 하나님을 섬기면서도 하나님의 뜻을 알지 못하는 경우가 있습니다. 이런 경우에는 다른 사람이 알아챌 정도로 성품에 심각한 결점이 있을 수도 있고 실행에 온전한 사랑의 법이 부족할 수도 있습니다. 옳은 줄 아는 것을 지켜 행하는 것은 가장 복된 일이자 온전한 마음의 표입니다. 그러나 잘 지켜 행하고 있을 때도 아직 드러나지 않은 하나님의 뜻이 있을 수 있다는 사실을 늘 명심해야 합니다. 하나님의 많은 뜻에 아직은 무지한 상태 또 우리 안에서 바뀌고 성결하게 되고 온전하게 되어야 할 것들이 많다고 확신하는 자세는 우리를 겸손하고 온유하게 만들어 기도에 전념하게 할 겁니다. 또한, 온전한 마음으로 하나님을 섬기는 데 방해가 되기는커녕 오히려 온전의 가장 큰 미덕인 겸손을 낳아 새로운 힘을 줄 겁니다. 이러한 자세를 견지하지 않고 스스로의 고결함을 강조한 간구는 피상적이고 위험할 수 있습니다. 온전함에 관한 교리가 오히려 장애물이자 올가미가 되는 거지요.

하나님의 모든 뜻 안에서 온전하라. 이 진리를 여러분의 목표이자 기도로 삼으세요. 그리고 아직 드러나지 않은 하나님의 뜻이 많다고 확신하는 겸손의 흙에 이 말씀의 뿌리를 깊이 내리세요. 온전한 마음으로 그분을 섬기기 위해 헌신함으로써 강건히 자라가세요. 하나님의 모든 뜻 안에서 온전히 서는 것으로 만족하세요. 그리스도 예수 안에서 온전해진 우리를 위해 하나님이 펼치실 역사를 믿고 기뻐하세요. 믿음으로 충만한 복을 주장하세요. 그러면 하나님께서 그리스도 예수 안에서, 하나님의 모든 뜻 안에서 온전해지는 것이 그분과 우리의 생각 안에서 어떻게 하나가 될 수 있는지 알려주실 겁니다.

바울은 골로새 성도들을 위해 쉬지 않고 기도했습니다. 너희가 그분의 뜻을 아는 지식으로 충만케 되기를 원하노라. 에파프라는 골로새 성도들을 위해 항상 열렬히 기도했습니다. 너희가 **하나님의 모든 뜻 안에서 온전하게 서도록 하기 위함이라.** 교회는 끊임없이 열렬한 기도로 은혜를 구해야 합니다. 온전한 삶은 보좌 앞에, 하나님의 임재 안에서 발견되어야 합니다. 성도들은 하나님께 속한 위대한 능력, 곧 살리는 능력을 기도로 기다렸고 받았습니다. 이제, 그 능력의 역사를 통해 하나님의 모든 뜻 안에서 온전하게 설 수 있습니다. 명심하세요. 하나님은 기도로 구하는 자들에게 은혜를 주는 분이십니다.

19

고난을 통해 온전해진
그리스도

,

그분께서 고난들을 통하여
그들의 구원의 대장을
온전하게 하신 것은 당연하도다.
(히 2:10)

그가 아들이면서도
고난받은 일들로
순종을 배워서
온전하게 되심으로
자기에게 순종하는 모든 사람에게
영원한 구원의 근원이 되셨느니라.
(히 5:8,9)

율법 이후에 하신 맹세의 말씀은
아들을 세웠으니,
이분은 영원히 온전하노라.
(히 7:28)

Day 19

　본문의 세 구절은 모두 그리스도 예수에 관한 말씀입니다. 그분은 하나님의 아들이었지만, 온전해져야 했습니다. 첫 번째 본문은 그분이 구원의 대장으로서 온전해졌다고 하면서 그분을 온전하게 하는 것이 하나님의 일이었다고 말합니다. 본문의 말씀처럼 하나님이 그리스도를 온전하게 하신 것은 당연합니다. 그분은 고난을 통해 이 일을 이루셨지요. 두 번째 본문은 온전하게 하는 고난의 능력이 무엇인지 보여줍니다. 그리스도는 고난을 통해 하나님의 뜻에 순종하는 법을 배움으로써 온전해졌으며 그에게 순종하는 모든 사람에게 영원한 구원의 근원이 되셨습니다. 마지막으로 세 번째 본문은 아들이 영원히 온전하게 되어 하나님이 그를 하늘의 대제사장으로 칭했다고 말합니다.

　본문은 그리스도인의 온전에 관한 깊은 신비를 알려줍니다.

그리스도인에게는 그리스도의 온전이 유일합니다. 그 외에 어떠한 온전도 없지요. 그리스도인이 고난과 순종을 통해 하나님의 뜻과 온전한 연합을 이루어 온전해짐으로써 주님의 성품에 대한 통찰력이 더 깊어질수록 그리스도가 이룬 구원과 그 구원의 충만한 기쁨이 무엇인지 더 분명히 깨닫게 될 겁니다.

그리스도 안에는 어떤 죄악의 결점이나 흠도 존재하지 않습니다. 그분은 출생부터 온전했습니다. 그럼에도 더욱 온전해져야 했지요. 인간으로서의 그리스도의 본성은 성장과 발전을 이루어 온전해져야 했습니다. 또한, 자신에게 주어진 하나님의 뜻을 착실히 따라야 했습니다. 이를 위해 고난과 시험을 당할 때도 반드시 해야만 하는 일이 무엇인지 배우고 입증해 보이셨습니다. 바로 이분이 우리의 인도자이자 선두 주자이며 대제사장이자 구세주이신 그리스도입니다.

하나님의 뜻에 순종함으로써 온전해지신 그리스도의 온전이 우리에게 나타났기 때문에 우리는 그분이 이룬 구원을 온전히 알게 되었습니다.

우리는 그리스도를 본으로 삼고 그분처럼 고백해야 합니다. **내가 온 것은 내 자신의 뜻을 행하려는 것이 아니요, 나를 보내신 분의 뜻을 行하려는 것이라**. 또한, 하나님의 뜻 안에서 살고 그 뜻을 위해 살아야 하며 어떤 상황과 시험이 닥쳐와도 그분의 뜻을 알고 순종해야 합니다. 하나님이 주신 지위도, 일상생활의 평범한 의무도 하나님의 뜻으로 받아들일 뿐만 아니라 그분의 뜻을 아는 지식으로 충만해지게 해달라고 간구해야 하지요. 그래야 하나님의 뜻을 아는 지식으로 충만해져서 그분의 모든 뜻 안에서 온전하게 설 수 있습니다. 고난을 겪을 때도, 하나님의 뜻에 순종할 때도 선생과 같이 온전해야 합니다.

우리는 온전에 이르기 위해 나아갈 때 그리스도를 우리의 본이자 법으로 삼을 뿐만 아니라 우리가 최종적으로 도달해야 할 약속으로 여겨야 합니다. 그리스도가 대리자, 머리, 구세주로서 행한 모든 일은 우리를 위한 것입니다. 그분은 영생의 능력으로 이 모든 일을 완수하셨습니다. 그분의 모든 생, 삶의 모든 방식은 온전했습니다. 이것이 바로 그리스도의 온전입니다. 명심하세요. 순종으로 온전해진 그분의 생이 이제는 우리의 것입니다. 그분은 성령을 우리에게 주어 우리 안에서 살아 숨 쉬고 역사하게 하셨습니다. 그분은 포도나무이고 우리는 그 가지들입니다. 그래서 그분의 생각과 성품을 이어받았지요.

여기서 끝이 아닙니다. 하늘에 계신 그리스도는 성령을 우리에게 전해주셨을 뿐만 아니라 우리 마음 안에 직접 거하십니다. 이분이 바로 순종을 배움으로써 온전해지신 그리스도입니다. 그분은 이러한 성품으로 하늘을 통치하고 우리의 마음을 주관하십니다. 그가 죽음에까지 순종하셨으니 이로 인하여 하나님께서는 그를 지극히 높이셨느니라. 하나님 앞에 온전하고 그분의 모든 뜻 안에서 온전한 것이 바로 그리스도의 지상 삶의 본질이자 핵심입니다. 그분은 우리 안에서 이 본질을 주장하고 있으며 순종을 배움으로써 온전해진 자신의 성품을 우리 안에 심으십니다. 독자 여러분, 우리도 그리스도 안에서 온전한 사람들처럼, 하나님 앞에 마음이 온전한 사람들처럼, 온전을 좇는 사람들처럼 하나님의 뜻 안에서 삽시다. 그분과 같이 되기를, 하나님의 뜻을 행하기를, 하나님의 모든 뜻 안에서 온전하게 서기를 열망합시다.

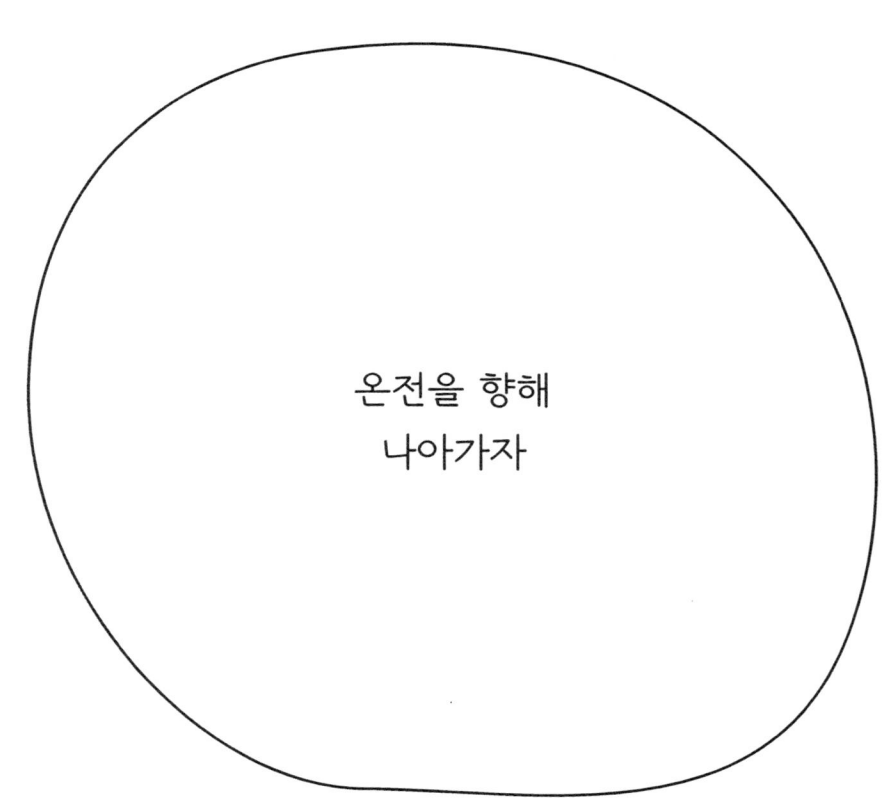

,

단단한 음식은 온전한 사람들의 것이니,
그들은 그 같음을 사용함으로
감각들을 단련하여 선악을 분별하는 사람들이라.
그러므로 우리가 그리스도에 대한 교리의 기초를 떠나
온전함을 향해 나아가자.
(히 5:14~6:1)

Day 20

 서술자는 듣는 데 둔하고 그리스도인 삶에서 어떠한 진전도 이루지 못해서 여전히 어린 아이처럼 젖이 필요한 히브리 성도들을 책망합니다. 히브리 성도들은 단단한 음식, 곧 그리스도가 이루어 준비된 자들에게 허락한 하늘의 직분에 관한 더 깊은 영적 가르침을 소화할 수 없었습니다. 서술자는 하나님의 집에서 장성한 사람을 온전한 사람이라고 말합니다. 그러나 본문의 장성한 사람은 시간과 관련이 없습니다. 우리는 이 점을 주의해야 합니다. 그리스도인의 삶은 자연계의 순리와 다르게 흘러갑니다. 구원받은 지 3년밖에 안 됐다고 하더라도 장성한 사람, 온전한 사람이 될 수 있고 20년이나 교회 생활을 했어도 여전히 의의 말씀에 능숙하지 못해 어린아이 상태에 머물러 있을 수도 있지요. 또 하나 주의해야 할 점은 장성한 사람을 성숙한 판단 능력 혹은 지성의 힘과 연결 짓는 겁니다. 지적이고 성숙한 판단을 하는 사람이라 해도 하나님과의 교제와 성품에 있어 최상의 온전을 좇는 열망, 영적인 진리를 볼 수 있는 통찰력이 결여되어 있을 수도 있기 때문입니다.

본문은 온전한 사람의 독특한 특징이 무엇인지 알려줍니다. **그들은 그 말씀을 사용함으로 감각들을 단련하여 선악을 분별하는 사람들이라.** 다른 그 어떤 것보다도 선악을 분별하기 원하는 예민한 양심과 거룩함을 좇는 열망, 항상 하나님의 뜻만을 구하며 그 뜻을 온전히 알고 행하려는 마음. 이것이 바로 온전한 사람의 특징입니다. 마음을 거룩하게 할 뿐만 아니라 높은 도덕 수준과 영적인 온전함을 추구함으로써 모든 면에서 선악을 분별하기 위해 감각들을 단련하는 사람들은 온전한 사람이라 일컬어집니다.

서술자는 그리스도인 삶에서 볼 수 있는 두 가지 단계를 언급하면서 더 이상 기초 원리와 그리스도의 단순한 교리에 만족하는 어린아이에 머물러 있지 말라고 히브리 성도들에게 충고합니다. 충고와 함께 이어지는 **온전함을 향해 나아가자**라는 말씀은 우리를 더 깊은 진리로 이끕니다. 완전한 구원을 이루신 예수님이 어떻게 영생의 능력 안에서 대제사장이 되셨는지, 어떻게 더 좋은 언약의 중보자가 되셨는지, 어떻게 우리 마음에 새로운 법을 새기고 우리를 더 높은 삶으로 이끄셨는지, 살아있는 하나님을 섬길 수 있는 지성소가 어떻게 우리에게 활짝 열리게 되었는지 깨

단게 하지요. **온전함을 향해 나아가자는** 말씀은 하나님과 함께 하는 하늘의 삶을 가리키는 지표입니다. 하늘의 삶은 지상에서도 누릴 수 있으며 하늘의 대제사장이신 예수님을 온전히 아는 지식이 그 삶으로 우리를 인도합니다.

온전함을 향해 나아가자. 온전이라는 단어는 앞서 여러 번 살펴보았습니다. 우선, 고난을 통해 그리스도를 온전하게 하신 하나님에 관해 살펴보았습니다. 이 온전은 하나님의 뜻과 온전히 연합하며 그분의 뜻에 온유하게 순종하는 것이었지요. 또한, 그리스도가 순종을 배워 온전하게 되었다는 말씀도 살펴보았습니다. 이 온전은 성숙한 온전으로 온전한 자들 가운데 참된 지혜를 말하며 하나님의 뜻을 알고 행하는 것이었습니다. 이번 과에서는 온전한 자들을 위한 단단한 음식도 보았습니다. 이들은 말씀을 사용해 선악을 분별하는 감각들을 단련했지요. 본문에서 말하는 온전은 그리스도와 마찬가지로 하나님의 뜻과 일치하고 그분과 거룩한 교제를 하며 거룩한 그분의 생을 목표로 두어 온전한 성품을 함양하는 겁니다.

우리의 대제사장이신 예수님과 깊은 영적 가르침이 우리를 이 온전으로 이끌 겁니다. 우리가 내적으로 수용할 수 있는 역량이 없으면 하나님에 관한 신비와 거룩한 영적 진리를 아는 지식은 쓸모가 없습니다. 깊은 영적 진리는 그리스도와 같이 온전하기 위해 가장 깊은 마음까지 드려야 놀라운 능력을 발휘합니다. 이 같은 마음가짐을 가지면 성령이 진리, 곧 영생의 능력 안에서 그리스도가 성결한 자들을 어떻게 영원히 온전하게 하셨는지 알려 주실 겁니다. 그분은 하늘의 삶과 성품을 예비하고 준비된 자들에게 주십니다. 이제 우리는 **온전함으로 나아가자**라는 말씀을 이렇게 받아들여야 합니다. "그리스도를 온전히 알자. 그분이 온전하게 하신 하늘의 삶을 살자. 그분이 온전해지기 위해 걸었던 길, 그분의 지상 삶을 온전히 따르자." 하늘에 계신 그리스도와의 연합은 지상에 계신 그리스도의 삶을 닮아간다는 뜻입니다. 즉, 고난을 받을 때 어린양과 같이 순종하고 아들과 같이 순종을 통해 영광에 이르는 거지요.

형제 여러분, 교리의 기초를 떠나 온전을 향해 나아갑시다.

,

그러므로 만일 레위 계열의 제사장 직분으로
온전해질 수 있었다면(백성이 그 아래서 율법을 받았음이라.)
굳이 멜키세덱의 계열에 따라
다른 제사장이 일어날 필요가 있었겠느냐?
그는 육신적 계명의 율법에 따라 된 것이 아니라
끝없는 생명의 능력에 따라 된 것이니,
이는 앞서 있는 계명이
참으로 연약하고 무익하므로 폐하여졌음이라.
율법은 아무것도 온전케 못하였느니라.
(히 7:11~19)

예물과 희생제물들을 드려도
양심에 관해서는
섬긴 자를 온전케 할 수 없었도다.
(히 9:9)

율법에는 다가올 선한 것들의 그림자는 있으나,
그것들의 형상 자체는 없으므
그곳으로 나아오는 자들을
결코 온전케 할 수 없느니라.
(히 10:1)

우리가 아니고서는
그들이 온전케 되지 못하게 하셨느니라.
(히 11:40)

Day 21

신약에서 히브리서만큼 "온전하다"는 말을 많이 쓴 책은 없습니다. 단연 그 어떤 책보다도 그리스도인의 온전이 무엇인지, 그러한 온전을 얻는 방법이 무엇인지 잘 알려주고 있는 책입니다. 히브리서는 "온전하다"는 단어를 우리 주 예수님에 관해 3번, 우리 각 개인에 관해 2번, 예수님이 오실 때까지 그림자였던 율법에 관해 5번, 우리를 온전하게 하는 그리스도의 역사에 관해 3번, 우리를 온전하게 하는 하나님의 역사에 관해 1번 사용합니다. "온전하다"는 단어에 관한 묵상의 주제가 무려 다섯 가지나 나온 셈이지요. 그중 앞의 두 가지는 이미 전 과에서 공부한 주제입니다.

본문의 구절들을 깊이 묵상해보면 서술자가 중요하게 생각했던 진리가 무엇인지 알 수 있습니다. 율법은 어떤 것도, 어떤 사람도 온전하게 하지 못했습니다. 이 진리는 율법이 참된 온전을 약속으로 또 준비단계로서 주장한다는 사실과 깊은 연관이 있을 뿐만 아니라 인간의 마음이 율법을 따라 온전해지려는 습성이 있기 때문에 매우 중요합니다. 이러한 가르침은 히브리 성도들에게도, 현대의 그리스도인들에게도 동일하게 필요합니다. 현대의 그리스도인들이 온전을 받아들이는 데 가장 큰 장애물이 바로 율법이기 때문이지요. 그리스도인들은 율법을 추구하지도 않으면서 온전의 기준으로 두고 그것을 지키지 못하는 무능을 핑계로 삼습니다. 이러한 자세로는 율법이 더 나은 것을 위한 준비단계라는 사실도, 그리스도의 온전이 성취되었을 때 폐해졌다는 진리도 절대 이해할 수 없습니다.

율법은 무언가를 요구합니다. 노력이 따라야 하지요. 율법은 자아, 자신을 의미합니다. 그래서 자아의 노력을 최대로 끌어냅니다. 그러나 율법은 아무것도 온전하게 할 수 없습니다. 양심도, 섬기는 자도 마찬가지입니다. 이 때문에 그리스도가 이 땅에 오셨습니다. 그분은 율법이 줄 수 없는 온전을 주십니다. 본문은 그리스도가 아론처럼 육신적인 계명의 율법, 곧 연약하고 무익하여 폐해진 율법을 따르지 않고 끝없는 생명의 능력을 따라 제사장이 되셨다고 말합니다. 제사장이신 그리스도의 사역은 영생, 새로운 삶, 영적 탄생의 능력 안에서 이루어졌으며 이 능력은 지금도 역사하고 있습니다. 우리 안에 태어난 영과 생명은 스스로 성장하고 행동할 능력이 있습니다. 그리스도가 고난과 순종을 통해 온전하게 된 것도, 자신을 희생하여 우리를 온전하게 한 것도, 우리에게 자신의 온전을 주신 것도 모두 이 끝없는 생명의 능력 안에서 이루어졌습니다. 이 능력이 아니면 우리는 온전의 동참자가 될 수 없지요.

 율법을 통해서는 온전해질 수 없습니다. 본문의 교훈을 명심하고 권고를 받아들이세요. 율법은 온전과 매우 밀접한 연관이 있고 오랫동안 온전의 대리자와 선두 주자 역할을 수행해왔습니다. 그러나 율법은 그 어떤 것도 온전하게 하지 못합니다. 기운을 내세요. 하나님은 율법이 하지 못한 일을 자기 아들을 보내 완성하셨습니다. 영원히 온전한 아들은 우리를 영원히 온전하게 했습니다. 우리는 예수님 안에서 온전해졌습니다. 그분과 살아있는 연합을 이루고 그분이 우리 안에 거하며 함께 살고 씨앗이나 어린아이에서 그치지 않고 계속 자라나갈 때 우리를 온전하게 하는 그분의 능력을 깨닫게 될 겁니다. 독자 여러분, 믿음은 우리를 온전한 길로 인도합니다. 온전한 분, 예수님 안에서 보고, 받고, 사는 믿음이 우리를 하나님의 온전으로 올려놓을 겁니다.

22

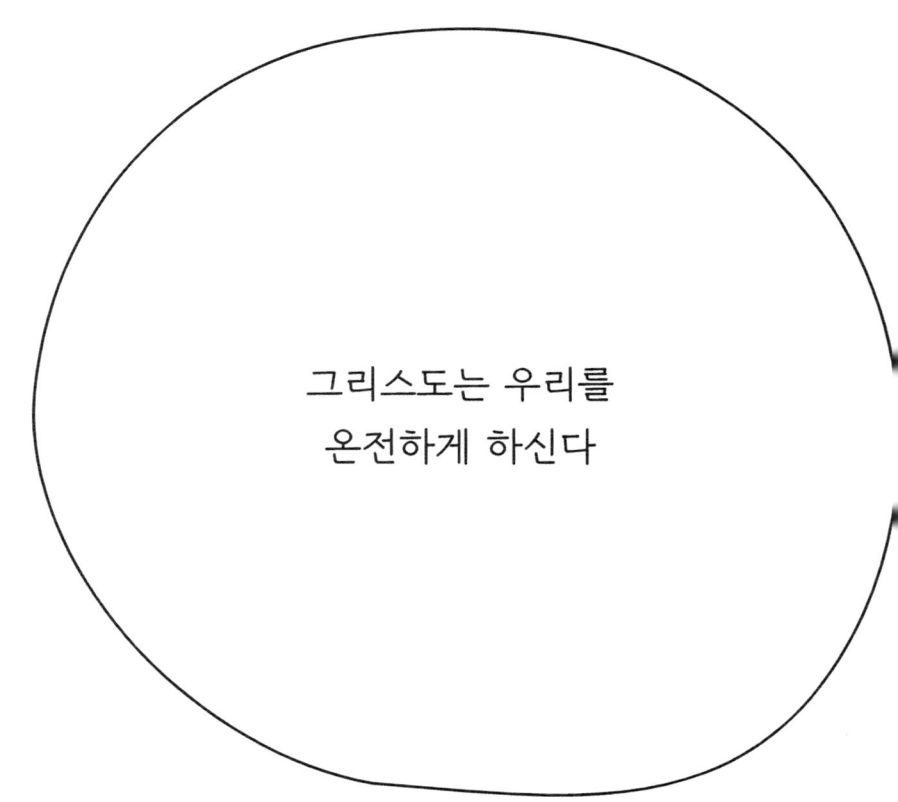

그리스도는 우리를
온전하게 하신다

,

그러나 그리스도께서는
더 크고 온전한 성막을 통하여
오직 자신의 피로
한 번 성소에 들어가셨느니라.
(히 9:11,12)

그가 한 번의 제사로써
거룩하게 된 자들을
영원히 온전케 하셨기 때문이라.
(히 10:14)

Day 22

히브리서에 우리를 위해 기록된 그리스도의 사역은 두 가지입니다. 세상의 성소와 달리 그분은 참 성막에서 섬기는 분이십니다. 이제 지성소는 활짝 열렸습니다. 그리스도가 더 온전한 성막을 통해 하나님의 임재로 들어가는 길을 열었기 때문이지요. 그분은 우리가 하나님과 온전히 교제할 수 있는 장소를 준비하고 활짝 여셨습니다. 이 은혜 덕분에 우리는 그 안에서 그리스도와 온전히 연합하고 그분과 함께할 수 있게 되었습니다.

경배하는 장소와 경배자는 서로 조화를 이루어야 합니다. 그리스도는 우리를 위해 온전한 성소, 지성소를 예비할 뿐만 아니라 그 지성소를 위해 우리를 준비시키셨습니다. 그가 한 번의 제사로써 거룩하게 된 자들을 영원히 온전케 하셨기 때문이라. 성소는 거룩한 자들을 위한 것이고, 지성소는 거룩한 제사장들을 위한 것이며 온전한 성막은 온전한 경배자들을 위한 것입니다.

그가 한 번의 제사로써 거룩하게 된 자들을 영원히 온전케 하셨기 때문이라. 본문의 "온전하다"는 단어는 이전에 그리스도에 관해 사용했던 단어(히 2:11, 5:9, 7:28)와 의미에 있어 전혀 차이가 없습니다. 모두 그리스도의 희생, 제사가 지닌 참된 가치와 본질을 말하고 있지요. 그분은 우리를 위해 온전해지셨고 그로 인해 우리는 그분과 같이 온전하게 되었습니다. 그분은 고난과 순종을 통해 영원히 온전해졌고 우리의 대제사장이 되셨습니다. 이 온전은 무엇일까요?

우리는 그리스도의 구속 사역의 목적에서 그 답을 찾을 수 있습니다. 창조 때 인간의 온전은 하나님의 뜻을 행하고 하나님의 생명, 신성, 영광과 연합하는 것이었으나 타락으로 인해 하나님의 뜻을 자신의 뜻으로 바꾸어 버렸습니다. 이 때문에 자아와 자아의 뜻은 죄의 저주이자 근원이 되었지요. 인간이 다시 생명이자 축복인 하나님의 뜻을 행하는 것. 이것이 바로 그리스도의 사역의 목적이었습니다. 그리스도는 우리 구원의 대장이 되기 위해 고난을 겪고 온전해졌으며 하나님은 이 모든 일을 주관하셨습니다. 뿐만 아니라 그분은 인간의 몸으로 죄를 이기고, 인간의 삶으로 온전을 이루며 성장하고, 인간이 귀중하게 여기는 모든 것을 희생해야 했습니다. 심지어 생명까지도 하나님의 뜻 앞에 내려놓고 그분의 뜻을 행하는 것이 인간 영의 본질임을 증명하셔야 했지요. 이것이 바로 본문에서 말하는 온전입니다. 그분은 우리를 하나님께로 되돌려 놓았습니다. 이 희생이야말로 진정한 의미에서의 온전입니다. 그가 한 번의 제사로써 거룩하게 된 자들을 영원히 온전케 하셨기 때문이라. 그분을 온전하게 한 제사를 통해 우리도 온전해졌습니다. 두 번째 아담이신 분이 우리를 온전하게 하셨습니다. 이제 우리는 온전의 동참자입니다. 아담의 죽음으로 우리의 본성이 영원히 타락한 것처럼 그리스도의 죽음으로 우리의 본성이 영원히 온전하게 되었습니다. 그분은 우리를 위해 새로운 본성, 온전한 본성, 새로운 생명을 창조하셨습니다. 이제 우리는 그분과 함께 죄에는 죽고 하나님께는 살아있습니다.

어떻게 해야 이 온전의 동참자가 될 수 있을까요? 우선, 양심을 온전하게 하여 죄를 제거하고 담대히 지성소로, 하나님의 임재로 들어가야 합니다. 온전한 구원은 혼을 가득 채우고 관장합니다. 우리가 온전한 구원 안에 거하면 하나님은 우리를 모든 선한 일에 온전하게 하여 그분의 뜻을 행하게 하고 예수 그리스도를 통하여 그분이 보시기에 기쁨이 되는 것을 우리 안에서 이루실 겁니다(히 13:21). 끝없는 생명의 능력은 그리스도, 대제사장을 통해 우리 안으로 끊임없이 흘러 들어옵니다. 이 때문에 우리는 날마다 그리스도 예수 안에서 각 사람을 온전하게 제시할 수 있습니다(골 1:28).

독자 여러분, 본문에서 말하는 그리스도의 온전에 거하고 고난과 순종을 통해 인간의 본성을 온전하게 하신 **분과 교제**하며 우리를 온전하게 하고 날마다 우리 안에서 그리스도의 온전을 이루어 가며 그분의 발자국을 따라 걷도록 우리를 훈련하시는 분을 믿음으로 의지하세요. 그러면 하나님이 약속된 유업으로 인도하실 겁니다.

하나님은 당신을
모든 선한 일에
온전하게 하신다

,

이제 양들의 큰 목자이신 우리 주 예수를
죽은 자들로부터 다시 이끌어 내신
평강의 하나님께서
영원한 언약의 피를 통하여
모든 선한 일에 너희를 온전케 하사
그의 뜻을 행하게 하시고
예수 그리스도를 통하여
그 분이 보시기에 참으로 기쁨이 되는 것을
너희 안에서 이루시기를 원하노라.
영광이 그 분께 영원무궁토록 있을지어다.
아멘.
(히 13:20~21)

Day 23

　본문의 두 구절은 히브리서 전체를 기도의 형태로 요약합니다. 본문의 앞부분은 그리스도 예수의 구원 안에서 하나님이 우리를 위해 이루신 일의 핵심을 말하고 뒷부분은 구원의 하나님이 우리를 위해 하실 역사에 관한 약속과 계시를 말합니다. 하나님의 목적과 소망은 우리가 온전해지는 겁니다. 이전에도 언급했듯 본문에서 "온전하다"는 단어는 잘못된 것들을 전부 제거하고 부족한 것들을 모두 채운다는 의미입니다. **하나님은 모든 선한 일에 너희를 온전케 하노라.** 하나님은 이 목적을 위해 우리 안에서 기다리십니다.

　우리는 큰 믿음으로 이 약속을 주장해야 합니다. 우리의 믿음이 강성하고 충만해지면 하나님이 우리를 위해 하신 일을 기억하게 될 겁니다. 그리고 이미 이루어진 하나님의 역사는 앞으로 있을 그분의 역사를 보증할 겁니다. 독자 여러분, 모든 죄를 제거함으로써 평화를 이루었고 지금도 평화를 선포하고 있으며 완전한 화평을 주시는 화평의 하나님을 우러러보세요. 우리를 사랑으로 돌보고 지키시는 예수 그리스도를, 양들의 큰 목자를 앙망하세요. 영원한 언약의 보혈을 기억하세요. 하나님은 그 능력으로 그리스도를 일으켰고 그리스도는 그 능력으로 하늘에 들어갔습니다. 그 보혈은 새 언약이 우리 마음 안에서 성취될 거라는 하나님의 약속입니다. 하나님이 아들을 사망에서 일으키셨던 사건을 생각해보세요. 예수님을 일으켰던 능력이 지금도 우리 안에 역사하고 있습니다. 우리의 믿음과 소망은 하나님 안에 있습니다. 그렇습니다. 우리는 언약의 보혈을 통해 그리스도를 일으키고 이 모든 일을 이루신 화평의 하나님을 앙망하고 경배하며 바라보아야 합니다.

이 화평의 하나님이 모든 선한 일에 너희를 온전케 하실 것이라. 이 말씀을 믿으세요. 그리스도를 온전하게 하신 하나님은 여러분도 그와 같이 온전하게 하실 겁니다. 우리를 위해 온전한 구원을 이루신 하나님은 우리 안에서 구원을 온전하게 하실 겁니다. 우리를 위해 놀라운 일을 이루신 하나님을 더 많이 바라볼수록 모든 선한 일에 우리를 온전하게 하겠다고 약속하신 하나님을 더욱 신뢰하게 될 겁니다. 하나님이 그리스도 안에서 하신 일은 그분이 우리 안에서 이루실 온전의 척도입니다. 그리스도를 온전하게 하셨던 전능한 분이 우리를 날마다 온전하게 하여 하나님의 뜻을 따르게 하시려고 우리의 믿음을 기다리십니다. 우리의 역할은 온전해지기 위해 자신을 내려놓는 것이며 이러한 자세는 각 사람이 하나님의 역사, 곧 그리스도 안에서 이루어진 일을 얼마나 경험할 수 있는가를 보여주는 척도가 될 겁니다.

자, 이제 하나님이 우리 안에서 이루겠다고 약속하신 온전을 살펴봅시다. 이 온전은 구속 사역만큼이나 참으로 거룩한 역사입니다. 그리스도를 사망에서 일으킨 화평의 하나님은 여러분을 온전하게 하십니다. **모든 선한 일에 너희를 온전하게 하사 그분의 뜻을 행하게 하시고 예수 그리스도를 통하여 그분이 보시기에 참으로 기쁨이 되는 것을 너희 안에서 이루시기를 원하노라.** 이는 매우 실제적인 역사이며 그 어떤 예외도 두지 않는 전인류적인 역사일 뿐만 아니라 동시에 인간, 각 개인을 위한 역사이기도 하며 마음속 깊은 곳에서 일어나는 내적인 역사이고 가장 복된 역사입니다.

너희를 온전케 하사 그의 뜻을 행하게 하시고, 이 말씀은 히브리서 전체의 결론입니다. **그의 뜻을 행하게 하시고,** 이 말씀은 하늘에 있는 천사들의 행복입니다. 이를 위해 하나님의 아들은 인간이 되셔야 했습니다. 그분은 그 **뜻에 따라** 온전하게 됨으로써 **우리를 거룩하게** 하셨지요. 하나님은 **그의 뜻을 행하게** 하려고 우리를 온전하게 하며 그분이 보시기에 기쁨이 되는 것을 우리 안에서 이루십니다.

성도 여러분, 하나님의 목표를 여러분의 것으로 삼으세요. 그 무엇보다도 하나님의 온전, 그 뜻을 열망한다고 하나님께 고백하세요. 여러분 자신을 하나님의 뜻에 완전히 드려 아들과 같이 고백하세요. **오 하나님이여, 주의 뜻을 행하려고 내가 왔나이다.** 이러한 자세를 취하면 **너희를 온전케 하사 그의 뜻을 행하게 하시고**라는 약속의 귀중함, 필요성, 깊은 의미를 통찰하게 될 겁니다. 그리스도를 온전하게 하신 분이 오늘도 여러분을 온전하게 하고 계십니다. 이 약속이 진리의 빛으로 하나님을 비추면 여러분의 마음은 그분을 향하게 될 겁니다. 이로 인해 여러분은 충만한 믿음 안에서 모든 선한 일에 온전하신 하나님을 여러분의 하나님으로 담대히 주장하게 될 겁니다.

하나님을 통해 온전해진 성도는 하나님의 뜻을 행하기에 올바른 상태, 태초의 모습으로 회복될 겁니다. 누구에게나 매우 순식간에 일어날 수 있는 일이지요. 기계에서 중요한 부품이 고장 났을 때를 생각해보세요. 중요한 부품이 고장나면 주인은 시간을 들여 고치려고 해보지만, 결국 해결하지 못해 제작자를 부릅니다. 돈은 들겠지만, 잠시 후면 장애물이 제거되어 기계는 원상태로 돌아가게 됩니다. 혼도 마찬가지입니다. 수년 동안 하나님의 뜻을 행하려고 노력한 탓에 지쳐버렸는데, 하나님의 요구나 약속에 관한 어떤 오해에서 일순간에 벗어나 원상태를 회복하여 모든 선한 일을 위해 온전해질 수 있습니다. 그 짧은 순간에 일어난 일이 바로 믿음으로 온전하신 하나님을 매일 주장하며 그분이 보시기에 기쁜 일을 행하는 삶, 그러한 삶을 지속하는 비결입니다.

그렇습니다. 하나님의 뜻에 자신의 모든 걸 내려놓겠다고 고백하고 무가치와 무력감에서 우러나온 겸손을 통해 그분을 신뢰하는 혼은 다시 일어날 힘을 얻고 하나님의 말씀이 증거하는 귀중한 경험을 하게 될 겁니다. **화평의 하나님이 너희를 모든 선한 일에 온전케 하사 그의 뜻을 행하게 하시고 예수 그리스도를 통하여 그분이 보시기에 참으로 기쁨이 되는 것을 너희 안에서 이루시기를 원하노라.**

그러한 혼은 충만한 기쁨과 새로운 지각 안에서 사랑의 노래를 부를 겁니다. 영광이 그분께 영원무궁토록 있을지어다. 아멘.

,

인내를 온전히 이루라.
이는 너희가 온전하고 잘 갖추어져
아무것도 부족함이 없게 하려 함이라.
(약 1:4)

Day 24

    온전은 씨앗입니다. 새로운 세대에게 주어진 삶은 온전한 삶입니다. 그러나 무지와 불신으로 인해 이 생명이, 삶이 어떤 의미인지 또 얼마나 경이로운 것인지 알지 못하는 혼도 있습니다.

    온전은 씨앗입니다. 혼이 이 진리를 깨달아 정신을 차리고 온전한 마음으로 하나님이 주신 모든 것에 자신을 드린다면 이보다 복된 순간은 없을 겁니다. 마음이 온 힘을 다해 하나님께 순종하는 것, 곧 온전한 마음의 완전 역시 무한히 자라나가는 힘을 가진 씨앗입니다.

    온전은 성장입니다. 그리스도인이 하나님의 선물과 명령에 깨어서 온 마음으로 헌신할수록 모든 은혜의 약속이 하나의 보증, 곧 **모든 은혜의 하나님이 너희를 온전케 하시느니라**는 말씀에 초점을 맞출 때까지 거룩한 생명과 힘에 관한 약속을 더 많이 필요로 하고 신뢰하게 될 겁니다. 바로 이 믿음, 곧 과거 성장의 열매였던 믿음이 앞으로의 성장을 이룰 새로운 씨앗이 됩니다. 새로운 씨앗을 지닌 온전은 이제 한 단계 더 나아가 무르익고 성숙해집니다. 혼의 변화를 보세요. 온전하신 분을 뒤덮은 임재가 항상 성령 위에 머물고 모든 성품이 거룩한 인상을 남기며 보이지 않는 분과 연합합니다. 혼은 하나님께 마음의 자리뿐만 아니라 그분의 역사가 이루어질 시간을 드리고 모든 선한 일에 온전하신 화평의 하나님은 그 혼을 완전히 소유하십니다. 이러한 성장을 이룬 혼은 하나님의 쉼 안에서 쉽니다.

물론, 단 하루 만에 이 모든 일을 이룰 수는 없습니다. 온전은 성장입니다. **너희에게 인내가 필요함은 너희가 하나님의 뜻을 행한 후에 그 약속을 받기 위함이라. 너희가 믿음과 인내를 통하여 그 약속들을 유업으로 받는 사람들을 따르는 자들이 되게 하려는 것이라.** 인간은 성장의 법칙 아래에 있는 시간의 생명체입니다. 천국에서도 자연계와 마찬가지로 처음에는 씨앗에서 싹이 나고, 그다음에는 이삭이 패고, 그 후에는 이삭에 낟알이 가득 찹니다. 그러나 많은 그리스도인이 하나님의 지체, 침묵을 이해하지 못합니다. 하나님의 일은 시간과 무관해 보이기 때문이지요. 그래서 우리의 기도가 왜 응답되지 않는지, 하나님의 약속이 왜 성취되지 않는지, 우리의 믿음이 왜 수포로 돌아가는지 의문을 품곤 합니다. 그러나 하나님은 매 순간 지체하지 않고 온 힘을 다해 자신의 일을 수행하고 계십니다. 그분은 자신이 선택한 사람들의 원한을 갚아 주실 겁니다. 단지 그들을 오래 참아 주고 계신 것일 뿐이지요.

인내를 온전히 이루라. 우리는 종종 자기 자신을 참지 못하고 매 순간 일하시는 하나님을 신뢰하지 못하며 조바심을 내서 하나님의 역사를 방해합니다. 또한, 스스로에 대해, 하나님에 대해 깊이 숙고하지 않기 때문에 우리를 온전하게 하시는 화평의 하나님을 사랑으로 신뢰하는 대신에 발을 동동 구르며 초조해합니다. **주 안에서 쉬고 인내하며 그를 기다리라**는 말씀은 건강한 신앙생활뿐 아니라 특히 온전한 길에 있어서 믿음의 법이며 믿음은 그리스도인 삶의 법입니다. 물론, 이 진리를 아는 성도가 거의 없기는 합니다. 보이지 않는 능력은 거룩한 목적을 수행하며 그 능력 안에서 쉴 수 있다는 보증은 결코 실망시키는 법이 없습니다. 잠시, 연로한 성도의 고백을 인용하겠습니다. 확신했습니다. 어떤 혼이 오랜 시간 겸손의 길을 걸어야 한다고 하더라도 신실한 자들과 같이 자신을 부인하면 언젠가는 마음속 깊은 곳부터 거룩한 분의 임재로 가득 차 넘치게 될 거라고 말이지요.

인내를 온전히 이루라. 이 말씀은 명령입니다. 이 명령에 순종한 자들이 얻게 될 결과는 분명합니다. **너희가 온전하고 잘 갖추어져 아무것도 부족함이 없게 하려 함이라.** 찬찬히 쌓아 올려진 말씀의 깊이를 보세요. 우리는 성도의 기대와 목표에 담긴 진가를 알아보아야 합니다. "온전하다"는 건 "목적을 이루고 완성되었다." 즉, 아버지가 바라시는 대로 모든 것이 잘 갖추어져서 부족한 것이 아무것도 없다는 뜻입니다. 그리스도인은 하나님의 영을 힘입어 온전한 성품을 갖춰야 합니다. 또한, 그러한 온전을 의무와 생활로 여겨야 하지요. 인내를 온전히 이루면 농부가 고대하던 온전한 열매를 맺게 될 겁니다.

> 인간 안에서 펼쳐지는 하나님의 역사가
> 곧 그 인간을 정의한다.
> 인내를 통한 하나님의 가르침이
> 당신 안에서 온전히 이루어졌다면
> 당신은 온전한 것이다.

온전한 열매를 내려면 우선 온전한 씨앗이 있어야 합니다. 그리고 이 씨앗은 온전한 마음이지요. 이 씨앗 없이는 인내를 온전히 이룰 수 없습니다. 온전한 마음으로 모든 시험, 고난, 역경을 하나님의 훈련으로 받아들이고 그의 역사를 온전히 이루시는 하나님을 신실한 분으로 섬기고 신뢰하세요. 우선, 온전한 마음부터 갖추세요. 그 마음이 여러분을 온전한 인내로 이끌고 끝내 온전한 사람으로 완성할 겁니다.

예수 그리스도는 단 하루 만에 온전하게 되지 않았습니다. 시간이 걸렸지요. 그분은 인내를 온전히 이루어 갔습니다. 참된 믿음은 시간의 필요성을 알고 하나님 안에서 쉽니다. 그 시간이 며칠일 수도 있고 몇 년일 수도 있습니다. 독자 여러분, 날마다 우리의 기도를 새롭게 합시다. "오늘, 저는 하나님을 위해 살 겁니다. 온전한 하나님의 은혜가 제 소망을 이루어 줄 것을 믿습니다. 소망의 인내로 저를 온전하게 하신 모든 은혜의 하나님을 소망의 인내로 신뢰하겠습니다. 온전하고 잘 갖추어져 아무것도 부족함이 없게 하겠습니다." 이 같은 다짐과 우리를 온전하게 하신 그리스도를, 우리를 온전하게 하고 계시는 하나님을 신뢰하는 믿음으로 인내를 온전히 이루세요. 그러면 온전하고 잘 갖추어져 부족한 것이 아무것도 없게 될 겁니다.

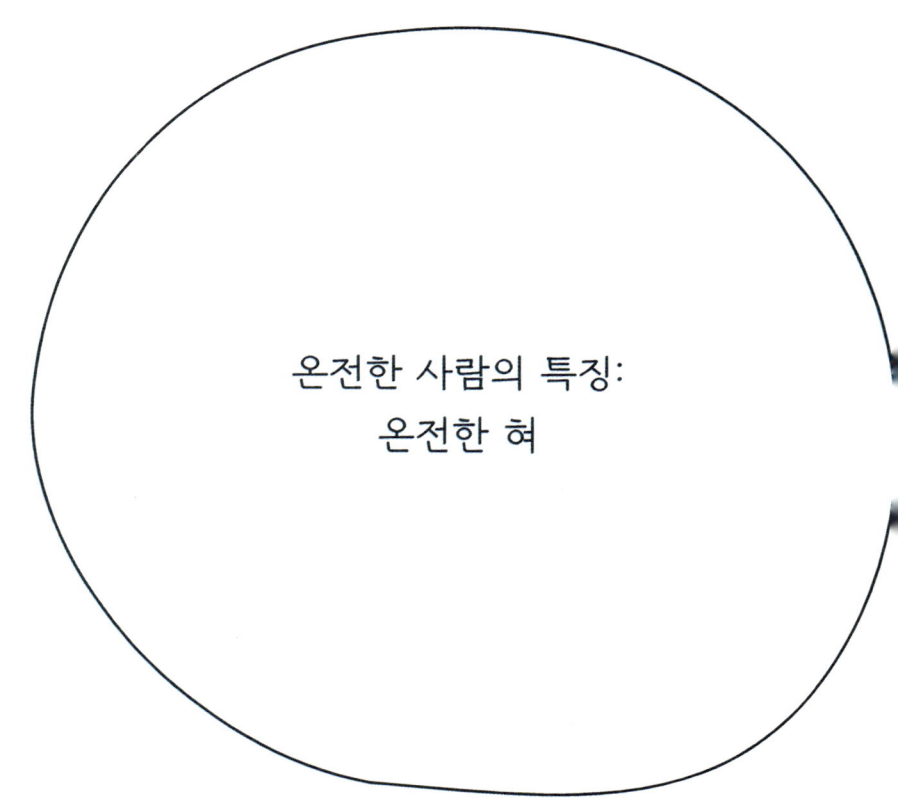

온전한 사람의 특징:
온전한 혀

,

우리는 많은 일에 모두를 실족하나니,
만일 말로 실족케 하지 않는 사람이 있다면
그 사람은 온전한 사람이며
온몸도 제어할 수 있느니라.
(약 3:2)

Day 25

 아주 사소한 일들에 주의를 기울이지 않는다면 예술이나 과학 분야에서 완벽에 도달할 수 없습니다. 높은 이상을 가지고 아주 작은 일을 해결해 나가는 능력은 천재들의 특징 중 하나입니다. 사슬은 가장 약한 고리에 의해 그 강도가 결정되는 법입니다. 그리스도인의 성품에서 가장 약한 부분은 온전에 얼마나 가까이 이를 수 있느냐를 판가름하는 척도입니다. 일상의 아주 사소한 부분이 온전을 이루고 증명합니다.

 혀는 아주 작은 기관입니다. 많은 사람이 혀의 말을 사소하게 생각합니다. 그러나 주님은 분명히 이렇게 말씀하십니다. **네 말들로 인하여 네가 의롭게 되리라.** 인자가 아버지의 영광 가운데서 행위에 따라 모든 사람에게 보상하시는 날에 그 모든 말을 헤아리실 겁니다. 하나님의 큰 날이 이르러 빛이 비칠 때 말로 실족하게 하지 않는 사람은 온전한 사람입니다. 이는 그리스도를 닮은 장성한 사람의 특징이지요.

그렇지만 단 한 번도 말로 실족하게 하지 않을 수 있을까요? 진정 가능한 일일까요? 야고보도 분명 이렇게 말하지 않았던가요? 우리는 **많은 일에 모두를 실족시키나니** 그리스도인들 사이에서 들었던 어리석은 말, 성내는 말, 경솔한 말, 생각 없이 내뱉는 말, 애정 없는 말, 진정성 없이 내뱉는 말을 떠올려보세요. 온전한 사랑과 진리의 법을 위배하는 혀의 죄들을 생각해보세요. 우리는 야고보의 고백, **우리는 많은 일에 모두를 실족시키나니**를 인정할 수밖에 없습니다. 본문에서 보다시피 이 말씀 뒤에는 **만일 말로 실족케 하지 않는 사람이 있다면 그 사람은 온전한 사람**이라는 말씀이 따라옵니다. 자, 그렇다면 과연 야고보는 하나님이 우리가 그렇게 살기를 바라신다는 의미에서, 또 이러한 자세를 추구해야 한다는 의미에서 말한 걸까요?

한번 생각해봅시다. 무슨 목적으로 이 말씀을 기록한 걸까요? 책의 시작에서 그는 우리가 인내를 온전히 이루어 온전하고 잘 갖추어져서 아무것도 부족함이 없어야 한다고 말합니다. 또한, 그의 서신을 통해서 인내를 온전히 이루는 자들에게는 아무것도 부족함이 없는 온전한 인내가 확실한 약속으로 자리매김했지요. 그의 서신은 다른 서신들과 마찬가지로 평범한 그리스도인이 얼마나 온전이라는 푯대로부터 멀어져 있는지 체감하게 하여 고통스러운 인상을 주지만, 한편으로는 온전하고 잘 갖추어져 아무것도 부족함이 없어야 한다는 명령이 전혀 불가능한 과업은 아니라는 믿음과 용기를 다지게 합니다. 그는 이번과의 본문인 혀에 관한 말씀에서 진리의 두 가지 면을 보여줍니다. 앞부분에서는 그가 흔히 겪었던 상황을 서술합니다. **우리는 많은 일에 모두를 실족시키나니** 뒷부분에는 하나님의 뜻과 은혜의 능력을 제시하는데, 이는 온전과 완전을 추구하는 성도들에게 실현 가능한 목표입니다. **만일 말로 실족케 하지 않는 사람이 있다면 그 사람은 온전한 사람이라.** 야고보는 대비되는 상태를 통해 온전한 사람을 단순하게 제시합니다.

그럼에도 의문이 들 수 있습니다. 이것이 진정 가능한 일인가? 하나님께서 우리에게 바라시는 바인가? 은혜가 이 모든 걸 이룰 수 있는가? 하나님의 영이 바울을 증인으로 세워 그를 통해 실족하는 자들이 붙잡아야 하는 것과 실족하지 않는 방법에 관해 무어라고 말씀하시는지 봅시다. **더욱 힘써서 너희의 부르심과 택하심을 확고히 하라. 너희가 이러한 것들을 하면 결코 실족하지 않을 것이라.** 결코라는 단어에는 "말"도 포함되어 있습니다. 다음으로 유다의 말을 들어봅시다. **이제 능히 너희를 실족하지 않게 지키시고 자기의 영광의 임재 앞에 흠 없이 큰 기쁨으로 서게 하실 수 있는 그분, 곧 홀로 지혜로우신 하나님 우리 구주께 영광과 위엄과 다스림과 권세가 지금과 또한 영원토록 있을지어다. 아멘.** 하나님을 실족으로부터 지키시는 분으로, 매 순간 예수 그리스도를 통해 우리를 돌보고 살피시는 분으로 알고 믿는 혼은 이런 찬양의 노래를 끊임없이 부릅니다.

"말"로 인해 발생하는 "실족"에 관해서는 신약에서 위 세 구절이 유일합니다. 야고보서, 베드로전후서, 유다서는 서로 자주 인용해서 쓰이기도 하지요. 그리스도는 이렇게 말씀하십니다. **너희 믿음대로 되라.** 우리 믿음이 우리는 많은 일에 모두를 실족시키나니와 같은 상황, 말씀만을 직면하고 그 상태에 머물러 있다면 당연히 실족할 수밖에 없습니다. 우리가 **만일 말로 실족케 하지 않는 사람이 있다면 그 사람은 온전한 사람이라는** 말씀을 따라 **실족케 하지 않는** 자세를 취하고 **실족하지 않는다면** 약속을 품은 믿음이 이 과업을 이루어낼 겁니다. 그러면 하나님의 능력이 우리로 이 놀라운 일을 경험하게 하고 그로 인해 우리의 삶은 하나님의 말씀이 기록된 살아있는 서신이 될 겁니다. 충만한 마음, 하나님 앞에 온전한 마음, 하나님의 사랑이 부어진 마음, 그리스도가 거하는 마음에서 우러나온 말을 하세요. 그러면 혀가 충만한 축복 가운데 진리, 의, 사랑, 온유의 말을 담을 겁니다. 이것이 하나님이 바라시는 일이며 그분은 이를 위해 우리 안에서 역사하고 계십니다. 우리 모두 이 말씀을 담대히 주장합시다.

하나님이 당신을
온전하게 하시리니

,

모든 은혜의 하나님,
곧 그리스도 예수로 인하여
그의 영원한 영광으로 우리를 부르신 분께서,
너희가 잠깐 고난을 받은 후에
너희를 온전케 하시고, 견고케 하시며,
힘을 주시고, 확고히 하시느니라.
그분께 영광과 권세가 영원무궁토록 있을지어다.
아멘.
(벧전 5:10~11)

Day 26

고난을 통한 영광. 이것이 바로 베드로전서의 기조입니다. "고난"이라는 단어는 총 16번, "영광"이라는 단어는 총 14번 등장합니다. 베드로는 모든 가르침을 상기시키며 끝을 맺을 때도 어김없이 이 단어를 사용합니다. **모든 은혜의 하나님, 그의 영원한 영광으로 우리를 부르신 분께서, 너희가 잠깐 고난을 받은 후에**, 신약의 서신중에서 베드로전후서를 제외하면 그 어떤 서신도 그리스도의 죽음이 보여주는 두 가지 면, 곧 그리스도가 우리를 위해 고난 받고 또 우리 역시 그분과 같이 고난을 받는 것을 밀접하게 연결 짓지 않습니다. 베드로는 우리의 삶을 영광에 이르는 여정으로 보기 때문에 그리스도와의 교제, 그분을 닮은 모습을 강조합니다. 그리고 그리스도와의 교제, 그분을 닮은 모습은 고난에서 나타나지요. 그리스도의 고난과 영광의 동참자가 되는 것은 그리스도인의 특권입니다. 그분은 하나님이 주신 고난을 통해 온전해지셨습니다. 마찬가지로 하나님은 고난을 통해 우리를 온전하게 하고 영광에 이르게 하십니다.

하나님께서 너희를 온전케 하시느니라. 하나님만이 홀로 온전하십니다. 모든 온전은 그분 안에 있으며 그분으로부터 나옵니다. 완벽한 태양의 모습, 모든 자연계, 태양계가 순종하는 완벽한 법, 이들을 나누는 완벽한 질서, 그리고 창조주의 뜻이 이 모든 걸 이루었다는 사실을 생각해보면 모든 온전이 하나님으로부터 나온다는 사실을 인정할 수밖에 없습니다. 햇빛 아래 부유하는 작은 벌레들, 햇볕을 쬐는 작은 꽃들부터 온 자연계에 이르기까지 만물이 하나님의 은혜를 입고 있습니다. 하나님의 모든 역사가 그분을 찬양합니다. 그분이 하시는 일은 완벽합니다.

본문은 그리스도인의 온전의 신비를 밝힙니다. 하나님만이 우리를 온전하게 하십니다! **하나님께서 너희를 온전케 하시느니라.** 자연에서 나타난 진리가 은혜 안에서 우리를 확고히 하는 약속입니다. 만물을 자신을 위하여 또 자신에 의하여 존재하게 하신 그분께서 많은 아들들을 영광에 들어가게 하시려고 고난들을 통하여 그들의 구원의 대장을 온전하게 하신 것은 당연하도다. 하나님은 자신이 하나님, 곧 고통스럽고 연약한 인간의 생에서도 온전을 이루어 내는 분이심을 보여주셔야 했습니다. 하나님에 의해 온전하게 되고 만물을 자신을 위하여 또 자신에 의하여 존재하게 하신 하나님께 자신을 온전히 내어드리는 것. 이 진리가 구원의 본질을 이룹니다.

하나님은 사람의 마음 깊은 곳에 온전해지고 싶어 하는, 완벽에 이르고자 하는 욕구를 심으셨습니다. 주변을 둘러보세요. 이 욕구는 예술가, 시인, 발명가, 탐험가의 영을 움직이고 완벽한 무언가, 온전한 무언가에 열광하게 합니다. 그러나 종종 이런 생각을 할 수 있습니다. 은혜 안에서 현재 온전한 것, 그것이 주는 기쁨과 묵상은 후에 사라져 버리지 않는가? 하나님의 말씀이 진리라면 은혜 안에서 온전한 것은 영원히 온전합니다. **하나님께서 너희를 온전케 하시느니라**. 이 약속은 확실하며 우리의 지상 삶을 밝게 비춥니다. 단순히 온전하게 되는 것에서 끝나는 것이 아닙니다. **견고케 하시고 힘을 주시느니라**. 이 일은 현재 우리의 일상에서 일어나는 하나님의 역사입니다. 하나님은 여러분을 온전하게 하고 거기에 더해 온전한 삶을 살아가도록 견고케 하며 힘을 주십니다. 많은 그리스도인이 이 약속을 믿지 못하는 이유는 **너희는 율법 아래 있지 아니하고 은혜 아래 있느니라**는 말씀이 의미하는 바를 깨닫지 못했기 때문입니다. 율법은 불가능에 가까운 것들을 요구하지만, 은혜는 아닙니다. 마찬가지로 아버지도 우리에게 불가능한 일을 명하지 않으십니다. 예수님을 사망에서 일으키신 하나님은 동일한 부활의 능력으로 우리를 온전하게 하고 그분의 뜻을 행하게 하십니다. 우리 혼이 이 복된 진리로 충만해질 때까지 믿음으로 기다리세요. 그러면 우리에게 일어날 놀라운 역사를 알게 될 겁니다.

　오 혼아, 하나님을 알고 주장하고 그분을 닮으라! **하나님께서 너희를 온전케 하시느니라**. 여러분의 믿음이 이 확신으로 가득 찰 때까지 그분을 섬기고 찬양하세요. 자신을 위대한 조각가, 곧 여러분을 온전하게 하기 위해 시간과 공을 들이시는 분의 손에 쥐여진 흙으로 여기세요. 자원하여 하나님의 뜻과 영에 순종하세요. 그분의 손길을 굳건히 믿으세요. **하나님께서 너희를 온전케 하시느니라**는 말씀이 여러분의 온몸과 마음에서 울려 퍼지게 하세요. 여러분이 보는 만물이, 완벽한 곤충과 꽃들이 증거하고 있습니다. **하나님이 그분의 일을 하시게 하라. 하나님만을 기다리라. 하나님께서 너희를 온전케 하시느니라.**

　성도 여러분, 온전해지기를 바라나요? 지금 바로 구하세요. 지금, 본문의 하나님을 여러분의 하나님으로 주장하세요. 바울, 베드로와 같이 수많은 가르침을 하나의 약속, 가장 중요한 약속으로 결론지으세요. **하나님께서 너희를 온전케 하시느니라**. 여러분의 삶에 모든 바람, 수고, 하나님의 진리의 지식, 하나님의 약속을 향한 믿음을 한데 모아 하나의 실행으로 옮겨 그분의 뜻을 따르고 여러분을 온전하게 하시는 하나님을 구하는 때가 오기를 바랍니다. 그 순간이 오면 여러분의 입에서 짤막한 찬양 구절이 절로 나오게 될 겁니다. 그분께 **영광과 권세가 영원무궁토록 있을지어다. 아멘.**

27

온전한 사랑:
그리스도의 말씀을 지킨다

,

누구든지 그의 말씀을 지키는 자는
하나님의 사랑이 참으로 그 사람 안에서 온전해지느니라.
(요일 2:5)

Day 27

타울러 Tauler 는 요한 사도에 관해 이렇게 말합니다.

어린 자녀 여러분, 주님은 세 가지 사건에서 요한의 마음에 끌리셨습니다. 우선, 주 예수님은 그를 세상에서 불러내어 사도로 임명하셨습니다. 둘째, 예수님은 요한이 그의 가슴에 기대어 쉬도록 허락하셨습니다. 셋째, 주님은 오순절 날에 요한에게 성령을 주고 또 하늘의 문을 열어주셨습니다. 특히, 이 사건은 요한과 하나님의 관계를 가장 잘 보여줍니다. 자, 이처럼 주님께서는 여러분을 이 세상에서 불러내어 하나님의 전달자로 임명하시고 그분께 밀착하게 하여 그분의 거룩한 온유, 겸손, 깊이 불타는 사랑, 온전한 순종을 배우게 하십니다. 물론, 여기서 끝이 아닙니다. 많은 사람이 여기까지는 어찌저찌 오다가 더 나아가지 못하고 주저앉아버립니다. 여전히 예수님의 마음이 바라는 온전과는 거리가 먼 상태이지요. 요한 사도는 주 예수님의 가슴에 기댔다가 일순간에 그분을 버리고 달아났습니다. 여러분이 그리스도의 가슴에 기대 쉬고 있다면 좋은 자세입니다만, 요한도 가치 있는 한순간을 위해 주님께 더욱 밀착해야 했다는 사실을 명심하세요. 그는 성령을 받았고 그 순간, 문이 열렸습니다. 마침내 자신을 뒤로하고 하나님이 만물 안에서 모든 것이 되는 순간이 이른 것이지요. 여러분에게도 이러한 순간이 찾아올지도 모릅니다. 간절한 마음으로 기다리면 때가 되어 그 순간이 찾아왔을 때 알게 될 겁니다. 바울이 마음을 먹는 게 아니라고 말했을 때 하나님이 성령을 통해 우리에게 밝히신 것과 같지요. 자녀 여러분, 혼이 내면의 방에 들어가면 그 안에서 풍성한 하나님의 은혜를 발견하게 될 겁니다.

- 하나님의 세 친구 중에서

저자를 이해하려면 그 사람의 성품과 인생사를 어느 정도 알 필요가 있습니다. 요한이 이 서신을 썼을 때는 천이 드리운 내면의 방에서 하나님과 밀착하면서 산 지 50년이나 되었을 때입니다. 예수님은 지상에 있는 동안 마음이 맞는 영, 높은 수준의 영적 가르침을 받아들이는 영을 요한 안에서 발견하고 특별한 사랑을 느끼셨습니다. 요한은 50년이라는 세월 동안 아버지의 영광 안에서 아들과 교제하고 성령의 능력을 경험하며 아버지와의 교제를 통해 예수님이 이룬 하늘의 삶을 맛보았던 사람입니다. 그랬던 그가 온전한 사랑의 삶을 증거할 때 이 경지에 이를 수 없던 교회가 요한의 삶을 그저 이상으로, 실현 불가능한 삶으로만 치부하는 것은 어찌 보면 예견된 결과일지도 모릅니다. 요한의 삶에 관해 숙고해보고 그가 섬겼던 주님을 알며 그의 가르침을 통해 교회가 어떠한 성장을 이룰 수 있는지 생각해본 성도들에게 요한은 이렇게 증거합니다. 사랑하는 자들아, 만일 우리 마음이 우리를 정죄하지 아니하면 우리가 하나님 앞에서 담대함을 얻고 무엇이든지 구하는 것을 그에게서 받나니, 이는 우리가 그의 계명들을 지키고 그의 목전에 기쁨이 되는 일들을 행함이라. 누구든지 그의 말씀을 지키는 자는 하나님의 사랑이 참으로 그 사람 안에서 온전해지느니라.

요한은 예수님의 사랑을 받는 제자입니다. 그는 예수님이 말씀하신 하나님의 사랑에 강하게 끌렸고 그를 향한 예수님의 사랑은 그에게 지대한 영향을 끼쳤으며 영화롭게 된 예수님의 마음에서 우러나온 성령은 요한의 마음에 자리한 그 사랑을 더 진하고 고상하게 만들었습니다. 이로 인해 요한은 하나님의 영광과 존재 자체의 본질을 꿰뚫는 사랑의 사도가 되었습니다. 요한의 신학을 한 단어로 요약하면 "사랑"이라 할 수 있습니다. 그는 이 "사랑"이라는 단어를 구약이나 다른 사도들의 서신에서 설명하는 "온전하다"라는 단어와 연결 짓고 하나님의 사랑이 그 안에서 온전해진 사람이야말로 그리스도인이 도달해야 할 최상의 목표라고 말합니다.

예수님은 사랑 안에서 온전해진 사람의 특징과 그 조건이 무엇인지 요한에게 가르치셨습니다. **나를 사랑하는 사람은 내 말들을 지키리니 그러면 나의 아버지께서 그를 사랑하실 것이며, 또 우리도 그에게 와서 우리의 거처를 그와 함께 정하리라.** 그분의 말을 지키는 것. 이 말은 제자의 사랑과 아버지의 사랑 간의 관계를 보여줄 뿐만 아니라 아버지의 사랑 안에 거하는 놀라운 사랑의 연합을 보여줍니다. 예수님은 이렇게 말씀하셨습니다. **내가 나의 아버지의 계명들을 지켜서 그분의 사랑 안에 거하는 것같이 너희도 나의 계명들을 지키면 나의 사랑 안에 거하리라.** 그리고 요한은 자신의 개인적인 경험을 통해 그의 스승, 예수님의 말을 확증합니다. **누구든지 그의 말씀을 지키는 자는 하나님의 사랑이 참으로 그 사람 안에서 온전해지느니라.**

하나님께 감사와 영광을 돌립시다. 하나님의 사랑 안에 거하는 삶이야말로 우리가 이 지상에서 누려야 하는 삶입니다. 하나님의 사랑은 우리 안에서 온전해질 수 있습니다. 주변 교회의 모습 때문에 하나님의 말씀을 의심하지 마세요. 요한은 온전한 사랑에 관해 말하고, 바울은 성령을 통해 우리 마음에 드리워진 하나님의 사랑에 관해 증거했으며 이들은 영광의 보좌로부터 직접 받은 개인적인 경험을 통해 이 진리를 입증해 보였습니다. 이들에게는 예수님의 말씀이 살아 숨 쉬었지만, 들어도 알지 못하는 사람들에게는 그저 이상에 불과합니다. 독자 여러분, 사랑을 알 때까지 그저 기다리지만 말고 사랑에 담긴 초자연적인 의미를 마음으로 믿으세요. 이 사랑은 그리스도의 사랑, 하나님의 사랑을 알게 하고 영원한 생명을 뿜어내는 샘처럼 우리 안에 거합니다. **하나님의 사랑이 그 사람 안에서 온전해지느니라.** 그러니 이 말씀을 믿으세요. 그러면 그리스도 안에 있는 하나님의 사랑이 여러분을 관장하고 여러분, 곧 하나님을 사랑하는 자들을 위해 그분의 능력과 역사를 증명해 보이실 겁니다.

28

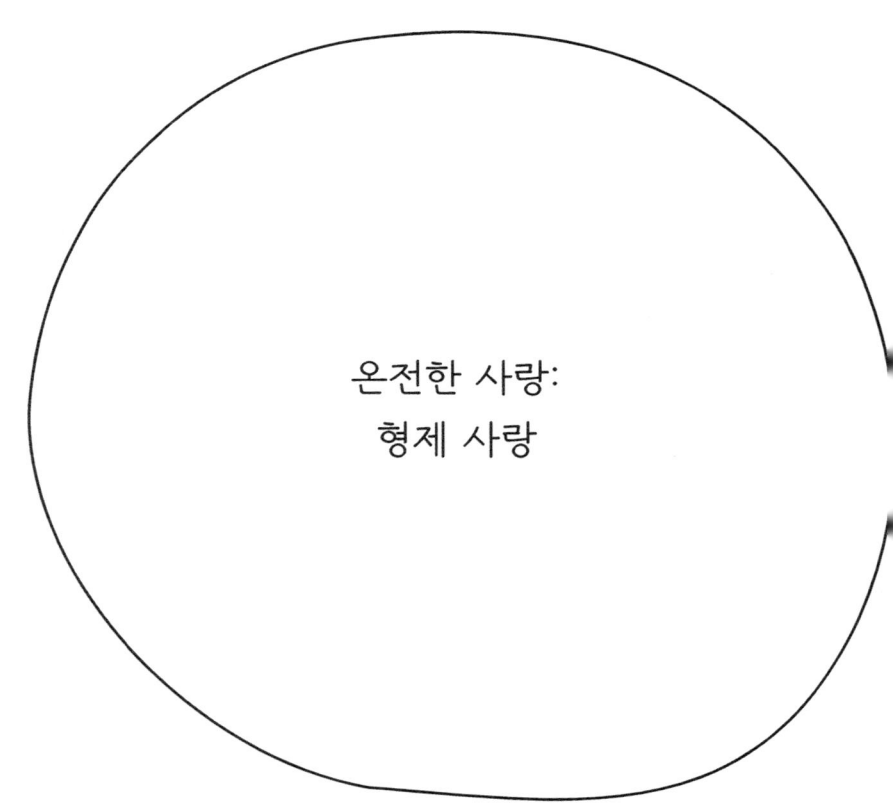

온전한 사랑:
형제 사랑

,

사랑하는 자들아,
하나님께서 이처럼 우리를 사랑하셨으니
우리도 서로 사랑하는 것이 마땅하도다.
어느 때에도 하나님을 본 사람은 아무도 없으나,
우리가 서로 사랑하면
하나님께서 우리 안에 거하시고,
그의 사랑이 우리 안에서 온전해지느니라.
(요일 4:11~12)

Day 28

하나님의 사랑이 그 안에서 온전해진 혼의 첫 번째 특징은 그분의 말씀을 지키는 겁니다. 순종의 길, 온전한 마음의 순종, 삶을 전부 하나님의 뜻에 바치는 순종은 아들이 아버지의 사랑과 임재 안으로 들어가기 위해 걸었던 길입니다. 이 길만이 온전한 사랑으로 인도합니다.

그리스도의 계명들에는 전부 "사랑"이라는 단어가 내포되어 있습니다. 왜냐하면 **사랑이 율법의 완성이기 때문이지요. 내가 새 계명을 너희에게 주노니 이는 너희가 서로 사랑하라는 것이라. 내가 너희를 사랑한 것같이 너희도 서로 사랑하라.** 그리스도는 이 말씀을, 모든 계명을 지키셨습니다. 형제 사랑은 온전한 사랑의 삶을 추구하는 혼의 두 번째 특징입니다.

어찌 보면 당연한 일입니다. 사랑은 타인을 위해 자신을 희생

합니다. **사랑은 자기 유익을 추구하지 않노라**. 사랑은 자아를 죽이는 일입니다. 여전히 자아가 살아있는 사람에게서는 온전한 사랑을 찾아볼 수 없지요. 사랑은 하나님의 영광이자 본질입니다. 하나님은 사랑이시기 때문에 모든 피조물에 자신의 생명을 주고 그분께 속한 선과 축복을 전하셨습니다. 사랑은 하나님의 것입니다. 아들의 선물은 하나님의 선물입니다. 그리고 이 선물은 인간에게 기쁨과 새로운 생명을 부여합니다. 하나님의 사랑이 우리 마음에 들어와 뿌리를 내리면 타인을 위해 어떤 희생도, 심지어 죽음도 불사합니다. 우리 마음이 하나님의 사랑과 일치하면 그 사랑이 우리를 관장하고 그로 인해 하나님의 사랑이 온전해집니다.

그렇다면 온전한 사랑이 말하는 바가 우리를 향한 하나님의 사랑, 하나님을 향한 우리의 사랑 둘 중 어느 쪽일까요? 둘 다입니다. 온전한 사랑은 이보다 더 많은 사랑을 담고 있지요. 하나님이 한 분이신 것처럼 하나님의 사랑도, 생명도, 마음도 하나입니다. 그 사랑이 어딘가로 들어가 전해진다 해도 그 본질은 변하지 않습니다. 우리 안에 있는 하나님의 생명과 사랑도 그러합니다. 우리를 향한 하나님의 사랑부터 하나님과 그리스도를 향한 우리의 사랑, 형제 사랑, 인류를 향한 우리의 사랑에 이르기까지 이 모든 사랑은 하나의 사랑에서 발현된 여러 모습일 뿐입니다. 하나님 안에 있는 하나의 성령이 우리 안에 거하시는 것처럼 하나님과 우리 안에 거하는 성령의 사랑, 거룩한 사랑도 하나입니다.

이 진리를 깨달으려면 믿음이 필요합니다. 믿음은 하나님, 형제, 심지어 우리의 적들까지도 사랑하는 법을 가르칩니다. 우리의 노력으로는 불가능하지만, 우리 안에 거하는 하나님의 사랑을 힘입으면 거뜬히 해낼 수 있습니다. 그저 우리 자신을 우리 안에서 태어난 살아있는 능력, 곧 거룩한 사랑에 내어 드리면 됩니다. 그러면 성령이 그 사랑을 행동으로 옮길 겁니다. 우리의 역할은 인간적인 노력을 그만두고 우리 안에 계신 성령을 알아 하늘의 능력으로 우리 안에 거하고 역사하는 사랑에 모든 걸 맡기는 겁니다.

요한은 예수님과의 마지막 밤에 그분이 고별사 중에 말씀하셨던 사랑을 온전히 기억했습니다. 그러나 당시에 제자들의 반응은 지금과 같지 않았습니다. 예수님이 사랑하셨던 것처럼 사랑하라니! 제자들이 보기에는 누구도 지킬 수 없는 계명이었습니다. 그날 밤, 제자들 간에는 교만, 질투, 이기심만 있을 뿐 사랑은 찾아볼 수 없었습니다. 제자들은 결코 스승과 같이 사랑할 수 없었습니다. 불가능한 명령이었지요.

그러나 부활하신 주님이 숨을 내쉬며 **성령을 받으라**고 말씀하셨을 때 놀라운 변화가 일어났습니다. 성령이 하늘에서 내려와 아버지와 아들의 통로가 되고 제자들이 다시 영광 가운데 주님을 만났을 때 하나님의 놀라운 사랑이 제자들의 마음을 덮었습니다. 유월절 날에 온전한 사랑은 처음으로 인간의 마음을 정복하고 위대한 승리를 이루었습니다.

하나님의 사랑은 지금도 군림하고 있습니다. 하나님의 영은 마음의 방을 조금만 내어드린 사람의 마음을 완전히 차지하기 위해 지금도 기다리고 계십니다. 성령은 항상 제자들과 함께했지만, 제자들은 그 영이 어떤 영인지 알지 못했습니다. 성령은 부활하신 예수님이 제자들에게 숨을 불어 넣으실 때 나타나셨습니다. 그러나 유월절이 됐을 때야 비로소 제자들을 사랑으로 충만히 채워 관장하실 수 있었지요. 그리고 그 순간, 제자들은 사랑 안에서 온전해졌습니다. 사랑을 위한 모든 수고와 사랑의 경험은 보좌에 계신 예수님께로 우리를 인도합니다. 그분 안에 있는 하나님의 사랑은 영화롭게 되었고 우리에게 계시되었습니다. 독자 여러분, 하나님의 사랑은 불처럼 하늘에서 내려와 이기적인 자아를 불태우고 무너뜨리며 서로 사랑하게 합니다. 이 진리를 믿으세요. 참된 제자의 특징은 열렬한 사랑입니다. 하나님의 사랑, 온전한 사랑은 성령을 통해 우리 마음에 드리워졌습니다. 이 진리를 믿으세요. 그러면 우리의 혀, 삶, 가정, 교회가 여전히 어린 아이에 머물러 있는 성도에게 온전한 하나님의 사랑을 입증해 보일 겁니다.

그리스도인 삶이 그러하듯 사랑에도 두 가지 단계가 있습니다. 매번 갈구하고 고군분투하며 최선을 다하지만, 실패하는 사랑이 있는가 하면 의지하고 기뻐하며 쉼을 얻고 항상 승리하는 사랑이 있습니다. 이기적인 자아와 헛된 수고를 예수님의 무덤에 내려놓아야 두 번째 단계에 이를 수 있습니다. 그러면 하나님의 생명과 사랑이 온 마음을 가득 채울 겁니다. 하늘의 사랑이 영생의 능력으로 혼 안에서 발현되었을 때 사랑하는 것은 자연스럽고 당연한 일입니다. 그리스도는 우리 마음에 거하십니다. 이제, 우리는 그 사랑에 뿌리를 두고 있으며 지각을 초월한 사랑을 압니다.

온전한 사랑:
하나님이 우리 안에 거하신다

,

어느 때에도 하나님을 본 사람은 아무도 없으나,
우리가 서로 사랑하면
하나님께서 우리 안에 거하시고,
그의 사랑이 우리 안에서 온전해지느니라.
이로써 그분 안에,
그분이 우리 안에 거하시는 것을
우리가 아노니
이는 그분이 우리에게 그의 영을 주셨음이라.
(요일 4:12~13)

Day 29

 어느 때에도 하나님을 본 사람은 아무도 없으나 우리는 아직 두 눈으로 하나님을 보지 못했습니다. 모두에게 죽음을 가져오고 모든 것을 소멸하게 하는 영광의 불은 우리의 현 상황과 부합하지 않습니다. 그러나 하나님을 직접 보기 위한 준비과정이 될 수는 있습니다. 또한, 하나님의 속성을 깨달아 혼을 만족시킬 수도 있지요. 우리는 하나님을 볼 수 없지만, 하나님은 우리 안에 거하시며 그분의 사랑은 우리 안에서 온전해졌습니다. 지금은 하나님의 밝은 영광을 볼 수 없지만, 그 영광의 본질, 사랑은 알 수 있습니다. 하나님의 사랑은 우리 안에서 온전해졌고 그분은 우리 안에 거하십니다. 이것이 바로 이 지상에서 누릴 수 있는 하늘나라이지요.

 이 복을 얻으려면 어떻게 해야 할까요? 우리가 서로 사랑하면 하나님께서 우리 안에 거하시고, 그의 사랑이 우리 안에서 온전해지느니라. 우리가 지금 하나님을 볼 수는 없지만, 우리 형제는 언제든지 볼 수 있습니다. 우리는 형제 안에서 하나님을 하나의 형태로 발견할 수 있습니다. 형제를 통해 본 하나님의 모습은 우리 안에 있는 거룩한 사랑을 일깨우고 불러일으키며 굳게 세우고 성장시킬 뿐만 아니라 사랑의 역사를 이루고 사랑의 길을 열게 하며 종국에는 사랑 안에서 우리를 온전하게 합니다. 사랑 안에서 온전해진 사람은 거룩한 만족을 알게 되고 그 안에 거합니다. 독자 여러분, 형제를 통해 여러분 안에 거하는 하나님의 사랑을 입증해 보이세요. 형제가 부족해 보여도 사랑하세요. 그러면 이기적인 자아가 하나님의 어린양을 태우던 불에 타 사라지고 하나님의 사랑이 여러분 안에서 온전해지며 여러분 안에 하나님만이 살고 사랑으로 마음이 충만해질 겁니다.

우리가 서로 사랑하면 하나님께서 우리 안에 거하시느니라. 이로써 그분 안에 우리가, 그분이 우리 안에 거하시는 것을 우리가 아노니 이는 그분이 우리에게 그의 영을 주셨음이라. 지식, 곧 하나님이 우리 안에 거하시고 그분의 사랑이 우리 안에서 온전해졌다는 놀라운 지식은 우리 자신 안에서 나온 추론이나 반사의 결과가 아닙니다. 거룩한 일, 사랑, 성령의 내주는 거룩한 빛을 비춰야만 볼 수 있고 알 수 있습니다. 이로써 우리가 아노니 이는 그분이 우리에게 그의 영을 주셨음이라. 절대 잊을 수 없는 역사적인 날, 하늘에서 불이 내려와 도든 걸 밝혔던 날이 오기 전까지 제자들도 예수님의 말을 이해하지 못했습니다. 그날, 제자들이 받은 성령은 제자들이 이전에도 경험했던 은혜의 역사가 아니라 높아지신 예수님의 보좌에서 직접 내려온 특별한 선물이었습니다. 예수님은 성령을 개인적이고 영원한 선물로 혼에 주셨고 혼은 만족했습니다. 오직 그분을 통해서만 우리는 하나님 안에, 하나님이 우리 안에 거하는 것과 그분의 사랑이 우리 안에서 온전해졌다는 사실을 압니다.

이제 그리스도인의 삶은 그날의 제자들과 같이 큰 변화를 이루었습니다. 내주하는 하나님을 계시하고 사랑 안에서 우리를 온전하게 하는 것은 성령의 특별한 사역입니다. 앞으로 우리는 차근차근 한 단계씩 진리의 여러 모습을 배우고 실천해 나가야 합니다. 우선, 당분간은 시간을 가지고 온 마음을 하나의 목표, 하나님의 뜻을 알고 행하는 것에 집중하고 가정에서, 사람들 사이에서, 교회와 세상에서 사랑을 실천해야 합니다. 그러다 실패를 맛보면 믿음을 다지는 말씀으로 돌아가 이기적인 자아를 죽이고 의지와 행위 모두에서 역사하시는 하나님을 신뢰해야 합니다. 위기가 한 번 더 찾아올 수도 있습니다. 유월절의 선물, 성령이 전처럼 능력으로 역사하지 않는 것 같아 불안해질 수도 있지요. 독자 여러분, 쓰러지거나 낙심하지 마세요. 온전한 마음으로 신뢰하고, 사랑하고, 순종하고, 믿으세요. 온전의 푯대를 좇으세요. 담대히 약속을 주장하고 여러분의 몫을 기대하세요. 우리가 서로

사랑하면 하나님께서 우리 안에 거하시고, 그의 사랑이 우리 안에서 온전해지느니라. 이로써 우리가 아노니 이는 그분이 우리에게 그의 영을 주셨음이라.

온전한 사랑을 구하고 실천하는 사랑의 길에서만 이 축복을 발견할 수 있습니다. 우리가 그분 안에, 그분이 우리 안에 거하시느니라. 그리고 오직 성령을 통해서만 이 진리를 알 수 있습니다. **하나님께서 우리 안에 거하시고 그의 사랑이 우리 안에서 온전해지느니라.** 하나님은 사랑이십니다. 그분은 우리 안에 거하는 그 날을 간절히 바라셨습니다. 하나님은 사랑이십니다. 그분은 아들의 영을 보내 우리의 마음을 가득 채우셨습니다. 그로 인해 우리는 사랑 안에서 온전해졌습니다. 온전한 마음은 온전한 사랑으로 충만해지기를 원하고 그 약속을 확신합니다. 독자 여러분, 온전한 사랑을 목표로 삼으세요. 하나님은 우리 안에 거하시고 그분의 사랑은 우리 안에서 온전해졌습니다. 이제, 우리는 이 진리를 그분이 주신 성령을 통해 압니다.

30

온전한 사랑:
그분과 같이 우리도

,

이렇게 우리의 사랑이 온전해졌나니,
이는 우리로 심판 날에
담대함을 가지게 하려는 것이라.
이는 그분이 그러하심과 같이
우리도 이 세상에서 그러하기 때문이라.
(요일 4:17)

Day 30

앞서 존재했던 길, 온전한 사랑의 삶을 한번 되짚어 봅시다. 마음을 관장하는 하나님의 사랑은 그리스도를 향한 순종을 통해 처음으로 나타났습니다. 그리고 이 순종의 중요한 특징은 형제 사랑을 실천하는 것이었습니다. 이 순종적인 사랑, 사랑의 순종 안에서 하나님과 나누는 교제의 원칙은 그분이 우리 안에 거하시는 것이었고 이 진리는 굳건히 세워졌으며 성령이 이 교제를 입증하고 있지요. 이것이 바로 온전한 사랑이 걸어온 길입니다. 그리스도를 향한 순종, 형제 사랑, 우리 안에 내주하는 하나님, 그분 안에 거하는 우리, 성령을 통해 밝혀진 모든 계시와 약속. 전부 서로 연결되어 있습니다. 서로의 필요 조건이자 서로를 비추며 함께 온전한 사랑의 삶을 이룹니다.

하나님만을 찾는 순간, 온전한 마음이 시작되었습니다. 온전한 마음은 온전한 길, 주님을 향한 순종적인 사랑, 형제 사랑에서 하나님을 찾고 그리스도 안으로 들어가 아버지께 이르러 그분과 유대관계를 형성합니다. 이 모든 과정을 거쳐 온전한 마음은 하나님의 내주를 밝히는 성령의 특별한 조명을 준비합니다. 처음에는 아주 작은 씨앗에 불과했던 온전한 마음이 자라나 열매를 맺고 그 안에서 하나님의 사랑이 온전해졌습니다. 이제는 사랑이 온 마음을 관장하게 되었지요.

온전한 사랑에 관해 더 살펴볼 말씀이 있을까요? 네, 더 있습니다. 요한은 온전한 사랑의 축복에 관해 이렇게 말합니다. **이렇게 우리 사랑이 온전해졌나니, 이는 우리로 심판 날에 담대함을 가지게 하려는 것이라.** 또한, 이 담대함, 사랑의 근원이 무엇인지도 알려줍니다. 이는 그분이 그러하심과 같이 우리도 이 세상에서 그러하기 때문이라. 이어지는 다음 구절에서도 이 진리를 발견할 수 있는데, 그 구절은 다음 과에 살펴봅시다.

이는 그분이 그러하심과 같이 우리도 이 세상에서 그러하기 때문이라. 그리스도 안에서 우리는 온전합니다. 하나님이 그리스도를 온전하게 하신 것, 그리스도가 우리를 온전하게 하신 것, 하나님이 우리를 온전하게 하신 것. 전부 동일한 온전입니다. 그리스도 안에서 우리는 생명, 영, 성품과 온전한 연합을 이루었습니다. 본문에서 요한은 온전한 사랑의 모든 요소를 요약합니다. 그리고 심판 날에 온전한 사랑이 우리에게 담대함을 줄 거라고 말하며 근거를 제시합니다. 이는 그분이 그러하심과 같이 우리도 이 세상에서 그러하기 때문이라.

그분이 그러하심과 같이 우리도 그러하기 때문이라. 요한은 2장에서 이렇게 말합니다. 그분 안에 거한다고 말하는 자는 그가 행하신 대로 자기도 행해야 하느니라. 그리스도와 같이 지상에서 순종하고 행하는 것. 이것이 바로 온전한 사랑의 특징입니다.

3장에서 또 다른 특징을 발견할 수 있습니다. 그분 안에서 이 소망(그분을 있는 그대로 볼 때에 그분과 같이 되고자 하는 소망)을 가지는 사람은 누구나 그분이 정결하신 것처럼 자신을 정결케 하느니라. 온전한 사랑은 그리스도와 같이 정결하게 합니다.

여기서 끝이 아닙니다. 이로써 우리가 하나님의 사랑을 아노니, 이는 그분이 우리를 위하여 자신의 생명을 내어놓으셨음이라. 따라서 우리도 형제들을 위하여 우리의 생명을 내어놓는 것이 마땅하도다. 온전한 사랑은 그리스도와 같이 사랑을 실천합니다.

예수님은 마지막 날 밤에 이렇게 기도하셨습니다. 우리가 하나인 것같이 그들도 하나가 되게 하려는 것이옵니다. 내가 그들 안에, 또 아버지께서 내 안에 계심은 그들을 하나로 온전하게 하기 위함이니이다. 그리스도와 같이 아버지와 새로운 관계를 맺는 것, 즉 하나님이 우리 안에, 우리가 하나님 안에 있는 관계는 온전한 사랑의 특징입니다. 하나님은 우리를 구원하기 위해 그리스도를 주셨고 이를 위해 그리스도는 우리의 생명이 되고 우리와 연합하셨습니다. 우리 안에 계신 그리스도와 같이 되고 심판 날에 담대함을 얻는 것은 하나님이 우리에게 주신 목표이자 축복입니다. 이렇게 사랑은 온전해졌습니다. 이는 그분이 그러하심과 같이 우리도 이 세상에서 그러하기 때문이니라.

우리로 심판 날에 담대함을 가지게 하려는 것이라. 하나님은 심판을 온전해진 인자, 아들에게 위임하셨습니다. 아들의 심판은 영적인 심판이며 그분이 바로 심판의 기준입니다. 그분과 같이 온전한 사람은 이 심판을 담대히 통과하고 그분과 함께 통치합니다. 온전한 사랑은 온전한 연합과 일치입니다. **그분이 그러하심과 같이 우리도 이 세상에서 그러하기 때문에** 우리는 심판 날에도 담대합니다. 독자 여러분, 온전을 추구하세요! 그리스도 안에서 온전을 찾으세요. 그분 안에서 하나님의 사랑이 나타났습니다. 그분 안에 또 그분의 생명에 들어가 온전히 연합하세요. 하나님의 사랑이 여러분을 관장하면 그분과 같이 변모될 겁니다. 그리스도 안에 여러분이, 여러분 안에 그리스도가 거하십니다. 그분 안에서 사랑은 온전해졌습니다. 그리고 예수님의 기도가 성취되었지요. **아버지께서 나를 사랑하신 그 사랑이 그들 안에 있게 하고 또 내가 그들 안에 있게 하려 함이니이다.** 하나님의 사랑은 우리 안에서 온전해졌고 우리는 그 사랑 안에서 온전해졌습니다. 그분이 그러하심과 같이 우리도 그러하기 때문에 우리는 심판 날에 담대합니다.

하나님의 사랑은 보좌 앞 제단의 불로, 우리 안에 살아 숨쉬는 하나님의 존재로 하늘의 능력을 드러내어 하나님이 우리를 아들과 같이 사랑한다는 사실을 세상에 알립니다. 하나님으로부터 흘러나와 그리스도를 채운 사랑이 우리에게도 전달되었을 뿐만 아니라 그 사랑이 그리스도와 우리를 하나로 만들었습니다. 하늘에 있는 아들이 아버지 안에, 아버지의 사랑 안에 사는 것같이 이제, 이 세상에 있는 우리도 아버지 안에, 아버지의 사랑 안에 삽니다.

31

온전한 사랑:
두려움을 쫓아낸다

,

사랑 안에는 두려움이 없나니,
온전한 사랑은 두려움을 쫓아내느니라.
이는 두려움에는 고통이 있음이라.
두려워하는 자는
사랑 안에서 온전해지지 못하였느니라.
(요일 4:18)

Day 31

    벵엘 Bengel 은 신앙생활에 네 가지 단계가 있다고 말합니다. 두려움이나 사랑 없이 하나님을 섬기는 단계, 사랑 없이 두려움으로 섬기는 단계, 두려움과 사랑으로 섬기는 단계, 두려움 없이 사랑으로 섬기는 단계. 아우구스티누스 Augustine 는 이렇게 말합니다. 두려움은 사랑의 길을 닦는다. 즉, 두려움이 없다면 사랑으로 가는 문을 열 수 없다는 뜻이지요. 두려움은 약이고 사랑은 치유입니다. 두려움은 사랑으로 이끌지만, 사랑이 온전해지면 두려움은 사라집니다. 온전한 사랑은 두려움을 쫓아냅니다. **이렇게 우리의 사랑이 온전해졌나니, 이는 우리로 심판 날에 담대함을 가지게 하려는 것이라. 이는 그분이 그러하심과 같이 우리도 이 세상에서 그러하기 때문이니라.**

    심판 날! 그날을 상상해보세요. 많은 사람이 그날을 두려워하지 않습니다. 본인은 의롭게 되었다고 믿기 때문이지요. 이들은 죄인을 의롭게 한 은혜가 하늘로 들어가는 길도 열어 줄 거라 생각합니다. 그러나 성경의 가르침은 이와 다릅니다. 우리가 받았던 용서는 그날에 우리가 다른 사람을 용서했던 것으로 평가받을 겁니다. 왕국에 들어가는 것도 우리가 사랑으로 아픈 사람과 배고픈 사람을 도움으로써 예수님을 섬겼는지, 그 여부에 따라 결정될 겁니다. 의롭게 된 것과 하나님의 사랑을 실천하는 건 별개의 일입니다. 심판 날에는 이 모든 요소 하나하나가 다 중요합니다. 우리가 그분 그대로 그분을 보고, 그분과 같이 되려면 그분이 정결하신 것처럼 우리 자신을 정결하게 해야 합니다. 온전한 사랑은 두려움을 쫓아내고 심판 날에 담대함을 줍니다. 두려워하는 사람은 사랑 안에서 온전해지지 못한 거지요.

심판 날! 그날 담대히 나아가는 자는 복을 받은 겁니다. 거룩한 하나님의 불타는 뜨거운 용광로를 마주하고, 그리스도의 형상과 일치하였는지 평가받을 때 전혀 두려워하지 않는 사람! 참으로 큰 복을 받은 사람입니다. 이 때문에 성경이 계시하는 온전과 우리 안에서 온전해진 사랑은 우리 각자에게 매우 중요합니다.

자, 이제 온전에 관한 성경의 가르침과 묵상을 마무리할 때가 되었습니다. 처음에는 하나님이 인정한 온전한 사람의 특징으로 온전한 마음, 곧 하나님 앞에 온전히 서 있는 마음을 배웠습니다. 그다음으로는 온전한 길에 주의 모든 계명과 율례를 흠 없이 행하는 온전한 사람을 보았습니다. 이에 더해 신약에서 급부상한 기준도 살펴보았습니다. **아버지와 같이 온전하라. 선생과 같이 온전하라.** 이 말씀은 각각 자녀와 제자들의 기준이 되었지요. 또한, **하나님의 모든 뜻 안에서 온전하라**는 명령은 그리스도인의 목표와 소망으로 자리 잡았습니다. 그다음으로는 그리스도 안에서 온전하라. 그리스도를 통해 온전해졌노라. 하나님이 우리를 모든 선한 일에 온전하게 하신다는 말씀도 보았습니다. 그리고 사랑받는 제자, 요한을 통해 모든 가르침을 담은 온전한 사랑도 배웠습니다. 독자 여러분, 우리는 그리스도의 말을 지키고 형제를 사랑하며 하나님 안에 거하고 성령 충만하며 그리스도와 같이 되어 사랑 안에서 온전해질 수 있습니다. 또한, 우리를 정죄하지 않는 마음으로 하나님 앞에 담대함을 얻고 그의 계명들을 지켜 그의 목적에서 기쁨이 되는 일들을 행해야 합니다. 이제 우리는 우리 안에서 온전해진 하나님의 사랑으로 심판 날에 담대함을 얻습니다.

사랑하는 그리스도인 여러분, 하나님의 사랑이 우리 안에서 온전해졌습니다. 우리는 사랑 안에서 온전해졌습니다. 이 온전한 사랑은 온전한 삶이라는 열매를 맺습니다. 우리는 이제 이 열매가 어떤 나무에서 자라는지 압니다. 이 나무의 뿌리는 하나님 앞에 온전한 마음과 온전한 행위에 있습니다. 하나님께 순종하고 헌신하여 온전해지세요. 그분을 깊이 의지하고 믿으며 인내로 기다리세요. 우리의 모든 기대는 그분으로부터 나옵니다. 하나님은 여러분이 구하는 것을 반드시 주는 분이십니다. 그분을 믿으세요. 하나님은 우리 안에 거하시고 우리는 사랑 안에서 온전해졌습니다. 하나님은 우리가 항상 온전하기를 바라십니다.

이 뿌리에서 자란 나무는 그리스도와 연합한 삶입니다. 그 무엇보다도 그분과의 완전한 일치를 지향하지요. **그리스도 안에서 온전하라. 그리스도를 통해 온전하라. 그리스도와 같이 하나님 안에서 온전하라.** 하나님의 뜻과 사랑, 구속의 신비를 담은 이 말씀이 혼의 일상이 되면 온전한 마음이 삶을 관장하고 성도는 하나님의 모든 뜻 안에 온전히 서는 법을 배우게 될 겁니다. 마침내, 나무가 풍성한 열매를 내는 거지요.

순종, 형제 사랑, 하나님과의 교제, 그리스도를 닮아가는 것, 성령 충만은 혼을 온전한 사랑의 삶으로 인도합니다. 사랑의 하나님은 마음의 바람을 성취하시고 하나님의 사랑은 항상 승리합니다. 하늘에서의 나날이 이제 이 땅에서 시작되었고 혼은 사랑 안에서 온전해졌습니다.

형제들아, 마지막으로 말하노니 온전하게 돼라. 그리스도인 여러분, 하나님 앞에 온전하세요. 그리스도의 온전을 여러분의 목표로 삼으세요. 그러면 하나님이 온전한 자신의 모습을 보여주고 여러분을 완전히 소유하실 겁니다. 이 진리를 믿으세요. 매일 아침마다 이 말씀을 주장하세요. 그러면 하나님은 여러분을 날마다 온전하게 하실 겁니다. 하나님의 뜻을 따라 사세요. 두려워하지도 말고 낙심하지도 마세요. **하나님께서 우리 안에 거하시고, 그의 사랑이 우리 안에서 온전해지느니라.** 하나님이 여러분에게 이 말씀의 참뜻을 알려주실 겁니다.

✢ ✢ ✢

아버지,
저는 오늘 주 앞에 행하고 온전해지기를 원합니다.
아버지는 **온전하라**고 명령하셨고
이 명령을 지킬 수 있도록 은혜도 주셨습니다.
저는 주 하나님 앞에 온전하고
온전한 마음으로 주님을 섬기고 싶습니다.
아버지가 온전하신 것처럼
저도 온전해지고 싶습니다.
모두 아버지께서 하신 말씀입니다.
아이같이 순수하게 믿고 순종하니,
제 기도를 들어주세요.

아버지,
말로 다 할 수 없이 큰 선물을 주셔서 감사합니다.
고난과 순종을 통해
자신을 십자가의 죽음에까지 희생하여 온전하게 되고
또 그 희생을 통해 우리도 온전하게 하신
예수님께 영광과 찬송을 드립니다.

예수님을 통해 우리를 모든 선한 일에
온전하게 해주셔서 감사합니다.

주 하나님은 지금도 우리 안에서
기쁨이 되는 일을 하고 계십니다.
온전한 마음을 지닌 자들에게
이 진리를 보여주실 줄로 믿습니다.

아버지,
큰 기대를 품게 해주셔서 감사합니다.
이 때문에 사랑 안에서 온전해진 사람들이
오늘도 믿음으로 아버지의 말씀을 붙들고 있습니다.
사랑받는 제자를 증인으로 삼아
우리에게 많은 진리를 가르쳐주셔서 감사합니다.
또한, 성령의 빛과 능력이 우리 마음에
아버지의 사랑을 드리우게 해주셔서 감사합니다.
그로 인해 매일 아버지의 사랑을 실감하고 있습니다.
주님께서 제 모든 것을 온전하게 하실 줄 압니다.
아버지만이 우리의 영광입니다.
아멘.